不適切ケア・トラブルを防ぐ

介護職員の接遇スキル

～ケーススタディから現場での対応力を身に付ける～

蜂谷英津子 著

第一法規

はじめに

介護現場における接遇

　介護を必要とする高齢者は年々増え続け、それに応じて介護に対するニーズも多様化しています。利用者や家族に満足してもらえる介護サービスを提供するには、介護の知識や技術のみでなく、社会人としてふさわしい接遇やマナーを身に付けることが求められています。

　「接遇」とは、官公庁などで使う「応接処遇」という言葉の合成語です。「応接」は人の相手をすることで、「処遇」は人をもてなすことです。つまり、「接遇」とは、おもてなしの心を持って相手に接するという意味です。「おもてなしの心」とは、「相手を大切に思う心」です。例えば、相手に対する「敬いの気持ち」や「優しさ」「心づかい」などです。

　一方、「マナー」とは、相手を不快にさせないための言葉づかいや立ち振る舞いのことです。言葉づかいや立ち振る舞いといった皆さんの言動は、相手が実際に見ることができる部分でもあります。ルールは守らなければ罰則がありますが、マナーは守らなくても罰則はありません。しかし、マナーを守ることでお互いが気持ち良く過ごすことができます。

　満足感のある介護サービスを提供するには、相手を大切に思う心である「接遇」と相手を不快にさせない「マナー」の両方が必要です。職員が接遇やマナーを身に付けることで、利用者や家族と適切な距離を保つことができ、「不適切ケア」を防ぐことにもつながります。

　また、接遇やマナーは利用者、家族、職場の上司や同僚に「自分が

信頼できる存在であること」を理解してもらい、相手を不快にさせないための作法でもあります。

　本書では、まず基本編で、接遇やマナーの基本である接遇5原則の表情・挨拶・身だしなみ・話し方・態度について、介護職員として身に付けたい基本的な事柄と、介護現場で求められる重要なポイントを分かりやすく具体的にお伝えしています。読者の皆さまには、本書を通じて、組織やチームの一員としてふさわしい接遇やマナーを学んでいただきたいと思います。

　また、基本編では、クレーム対応のポイントや上手な解決方法なども併せてご説明しています。

不適切ケアの防止と接遇

　近年、介護職員による高齢者への虐待が、報道などでよく取り上げられています。報道されている虐待の中には、高齢者の生命や身体、精神に重大な影響を及ぼすものが多くある一方で、報道されている高齢者虐待以外にも、介護職員が日々の業務で何気なくやってしまう行為の中に、虐待につながる「虐待の芽」があります。

　虐待とは、利用者の人権を侵害する行為です。暴力的なものだけでなく、利用者の訴えを無視する、嫌がらせをする、必要な世話をしない、資産を勝手に使うなど、利用者の意思を無視した行為の全てを指します。明確に「虐待である」と判断できるような行為の周辺には、判断に迷うような「グレーゾーン」も存在します。これが「不適切ケア」です。

　「不適切ケア」とは、虐待ではないが、適切ではないと思われるケアのことを指します。不適切ケアをそのままにしておくと、それが当

たり前になってしまい、徐々にエスカレートして虐待につながる可能性があります。そのため、不適切ケアに早期に気づき対処し、改めることが虐待防止のために重要です。

　ケーススタディ編では、東京都高齢者福祉施設協議会さまのご協力をいただき、同協議会さまが作成した不適切ケアを防ぐための「虐待の芽チェックリスト」の中から、特に重要だと思われる項目を選んで、具体的な対応方法や対応時のポイントを詳しく解説しています。施設の「権利擁護委員会」で行う研修用のテキストとして活用することも有効です。

　また、資料編では、「虐待の芽チェックリスト」「身だしなみチェックリスト」「自分の癖チェックリスト」「クレーム処理報告書の例」を掲載していますのでご活用ください。

　介護職員の方が接遇とマナーを身に付けることで、利用者や家族と適切な距離を保つことができ、「不適切ケア」を防ぐことにつながります。本書を通じて、介護現場に求められる接遇とマナーを学び、不適切ケアを防ぐための対応方法を身に付けていただければ大変うれしく思います。

　2023（令和5）年7月吉日
　　　　　　HOTシステム株式会社　代表取締役　蜂谷英津子

目　　次

資料編

基本編

第1章

介護の現場でなぜ「接遇やマナー」が重要なのか

利用者のバックグラウンドの理解

　利用者により良い介護サービスを提供するためには、利用者のバックグラウンドを理解しておく必要があります。ここではまず、利用者をとりまく介護の現状から考えてみましょう。

2000年以降、利用者は「お客様」になりました

　日本の介護に関する環境は2000（平成12）年に大きく変わりました。この年に「介護保険制度」が開始したからです。

　介護保険制度ができる前は、介護が必要な高齢者に対して、行政が判断して、利用するサービスを決めていました。言ってみれば「行政の施し」というイメージが強く、介護サービスを受けたり、介護施設に入居したりすることを好まない高齢者が多くいました。また、介護をする家族も、親を介護施設に入居させることを恥ずかしいと感じている人が少なくありませんでした。こうしたことが、介護をする家族が「一人で抱え込んでしまう」原因の１つにもなっていました。

　しかし、介護保険制度の開始によって、介護サービスをより簡便に、手軽に利用できるようになりました。介護保険料を納め、介護が必要になったときは、一定額の報酬を支払って、サービスを利用することができます。つまり、高齢者は「施し」を受けるのではなく、自分でサービスを選んで利用する「お客様」になったのです。

　さらに、2000年から民間企業が介護ビジネスに参入し、介護を必要とする高齢者やその家族は、事業者や施設を選ぶことができるようになりました。そして、現在に至るまで、事業者や施設の多くは、利用者やその家族に選んでもらえるように、独自のサービスを開発するなどの工夫をしており、「介護は究極の接客業」として、利用者や家族に満足してもらえるサービスの提供を大切にしています。

　介護とは、支援を必要としている高齢者の排せつや食事の介助を行うことだけではなく、高齢者が自分のできることを増やし、自分らしく生きることができるように手助けをすることです。

　介護保険法では介護保険制度を、「要介護者などが自らの尊厳を保ちつつ、できる限り自立して生活できるよう、医療および福祉サービスを提供するための制度」と定めています。そのため、事業者や施設には、たとえ身体が不自由になっても、その人が持っている能力を最大限に活かして、本人が望む環境で、尊厳をもって生活できるように支援する、「自立支援」が求められています。

　利用者を「要介護者」という固定観念や先入観で見るのではなく、一人ひとりの利用者の個性や家族、現在に至るまでのバックグラウンドに目を向けましょう。利用者は、「要介護者」であると同時に、職員の皆さんよりも長く人生を歩んできた「人生の先輩」です。そして、現在の利用者の個性は、これまでの人生や現在持っている疾患等の影響を受けているということを理解しましょう。利用者が「要介護者」になっても、その人らしい生活を送るために、介護職員は、利用者の表面に現れていることのみを見るのではなく、背景にある利用者の「思い」を理解して接しましょう。

また、利用者が「楽しい」と感じることができる介護サービスを提供することが大切です。そのためには、職員は温かい表情や態度で接し、利用者を不快にさせない言葉を選んで声かけをしましょう。そこで必要になるのが、利用者を不快にさせないための接遇やマナーです。介護という仕事は、職員によってその質が左右されます。質の高いサービスの提供は、利用者や家族に信頼感や安心感を与えることにつながります。

現代日本の介護の現況

　日本は世界でも高齢化の先頭を走っています。日本の総人口に占める65歳以上の人口は、約３割という高齢者社会です。

　「令和４年版高齢社会白書」（2022）によると、65歳以上の高齢者人口は増加傾向が続き、2042年にピークを迎えた後は、減少に転じると推計されています。しかし、65歳以上の人口が減少に転じても高齢化率は上昇を続け、2065年には、国民の約2.6人に１人が65歳以上という超高齢者社会が到来します。このような高齢者人口の増加に伴って、介護を必要とする人も年々増えています。

　高齢になると少しずつ体力が衰え、身体のいろいろなところに不調を感じる人が増えていきます。たとえ今は元気な人であっても、病気やケガをして長期間入院をすると、退院後に介護が必要になることもあります。

　「もし、自分に介護が必要になったとき介護を頼みたい人は誰ですか？」という質問には、男性の約６割が、配偶者である妻に介護をしてほしいと希望しています。一方、女性の場合は「ヘルパーなど介護の専門職の人」が最も多くなっています（「令和３年版高齢社会白書」

（2021）より）。

　また、平均寿命の延びに伴って、介護をする人も高齢化して、高齢の夫婦２人の家庭では、軽い介護認定を受けた妻や夫が、重い介護認定を受けた配偶者の介護をしている、いわゆる「老老介護」が多く見られます。さらに、最近では一人暮らしの高齢者も増えています。

介護現場の苦情の中身

　介護現場での利用者や家族からの苦情はどのような内容が多いのかを見てみましょう。

　東京都国民健康保険団体連合会が公表している「令和４年版　東京都における介護サービスの苦情相談白書」（2022）の、苦情分類項目別のデータでは、２つの項目が多いことが分かります。１つは保険料についての苦情で、もう１つは保険給付やサービス提供に関する苦情です（図１）。保険料についての苦情は減少傾向にありますが、保険給付やサービス提供についての苦情は少しずつ増加しています。

図１　苦情分類項目別苦情件数の年度別推移

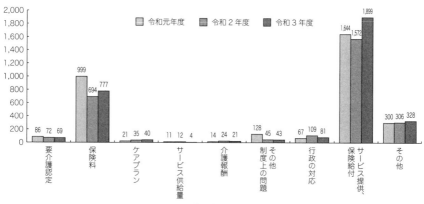

出典：令和４年版　東京都における介護サービスの苦情相談白書

さらに、苦情内容別の割合を見てみると、近年は1番多いのが「サービスの質」に関する苦情で、2番目が「説明・情報の不足」、3番目が「従事者の態度」になっており、「サービスの質」と「従事者の態度」の項目がサービス種類別の苦情内容の半分近くを占めています（図2）。

図2　苦情内容別の構成割合

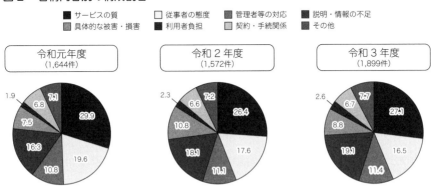

出典：令和4年版　東京都における介護サービスの苦情相談白書

　このような現状から、介護を必要とする高齢者は年々増え続けているとともに、個々の介護サービス利用者のニーズも多様化していきます。近い将来、利用者の中心となる「団塊の世代」の高齢者は、特に「自分に合った快適さや対応」に満足感を持つ人が多く、そのような利用者に満足してもらえる介護サービスを提供するためには、介護の知識や技術だけでなく、社会人としてふさわしい接遇やマナーが求められます。また、職員が接遇やマナーを身に付けることで、苦情の原因である「サービスの質」や「従事者の態度」の改善にもつながるとともに、利用者や家族と適切な距離を保つことができ、不適切ケアやトラブルを防ぐことにもつながります。

Chapter 02 自分自身を守るために

　介護職員は、利用者に対するやさしい心を持っています。だからこそ介護の仕事を選んだのではないでしょうか。ただ、「マナー」という形にしてそのやさしさを表すことが、得意でない人も多いと思います。「マナー」とは、自分の気持ちをより的確に伝えるためのスキルでもあるのです。

「親しみ」と「なれなれしさ」の違いについて

　「親しみ」とは、なじみがある、身近である、心にへだてがないという意味です。親しみがあるとは、相手に対する思いやりや尊敬の気持ちがあり、礼儀正しい振る舞いができる態度のことです。一方「なれなれしさ」とは、それほど親しい間柄でもないのに、打ち解けすぎて、遠慮がなく、ぶしつけな態度や振る舞いという意味です。同様に、なれなれしいとは、相手の気持ちを無視した、礼儀を欠く態度のことです。自分は親しみを込めて接しているつもりでも、相手はなれなれしい態度だと感じていることがあります。

　介護現場で働く多くの職員は、利用者に対して、当初は親しみを持って丁寧に対応しますが、同じ利用者と何度も接しているうちに、利用者との距離が縮まったと思い込み、なれなれしくなってしまうことがあるので注意しましょう。

「親しみ」と「なれなれしさ」の違い

親しみ	なれなれしさ
快感（良いイメージ）	不快（悪いイメージ）
身近である	遠慮がない
礼儀がある	礼儀を欠く
信頼関係がある	友達感覚
相手への尊敬の気持ちがある	相手の気持ちを無視している

自分の立場を守るためにもマナーが必要です

　特定の利用者となれなれしい関係になると、利用者と介護職員という関係を外れ、個人的な2人の関係になってしまいがちです。そうなると、お互いに遠慮がなくなり、利用者もその職員に、他の利用者と異なる特別な関係を求めてしまいます。そのことが、他の利用者と違う特別なサービスの提供を期待することにつながります。特に訪問介護などの1対1の業務では、ケアプランにないことを依頼されることにもつながります。一方、職員は、個人的な視点に立ってしまうことで、職業人としてのマナーが失われて、利用者に対して遠慮のない言動をとってしまいます。常に「仕事として利用者の介護をしている」という視点を持って働くことが重要です。

　介護の仕事では、利用者に近づくことで初めて分かることや、普段なら他人には話さない事柄を話してくれることがあるため、利用者に近づくことは多くの利点があります。一方、今まで述べたように、利用者に近づき過ぎると、なれなれしい関係になってしまいかねないため、介護のプロとして、利点と欠点を自覚して利用者と「幅のある距

離」を保つことが大切です。

「幅のある距離」とは、なれなれしくもなく、冷たくもない心理的距離のことです。この距離を保つためには、必要に応じて利用者との心の距離を自在に調節できる能力も必要です。職員は仕事として利用者の介護をしています。「私的なしがらみがない」からこそ、利用者は遠慮なく介護を受け入れることができるということもあります。

また、職員が接遇やマナーを身に付けることで、利用者や家族と適切な距離を保つことができ、不適切ケアを防ぐこともできます。不適切ケアをそのままにしておくと、それが当たり前になってしまい、徐々にエスカレートして虐待につながることもあります。職員が接遇やマナーを身に付けることで、不適切ケアを防ぐことができ、結果として虐待防止につながります。

このように、職員が接遇やマナーを身に付けて、利用者と「幅のある距離」を保つことで、不適切ケアを防ぐことができ、結果として職員の「立場を守る」ことにもつながります。

01 20年間で感じた介護現場での「接遇・マナーの重要性」

　私は介護の仕事に従事して20年が経過しており、その間、多くのご利用者、スタッフと関わらせていただいてきました。その中で感じたことは、言葉づかいや接遇・マナーが不十分なスタッフは、良いケアができていないのではないかということです。

　恥ずかしながら、私自身も介護の仕事を始めた当初は、介護職員に接遇のスキルが必要であることを全く考えておらず、『ご利用者との信頼関係の構築』＝『ご利用者と仲良くなること』という認識で仕事をしていました。

　もちろん、そのような誤った認識を持って仕事をしていたため、言葉づかいや対応の部分でお叱りを受けることもありました。

　介護現場で働き始めて間もない頃、ご利用者とお話しをしている際に、「あなたさっきから随分失礼な事をいうわね。今の若い人はみんなそうなの？」と怒らせてしまい、しばらく介助に入らせていただけなくなることがありました。きっと、お叱りを受けた要因は、なれなれしい対応と言葉づかいによって、不快な思いをさせてしまっていたからだと思います。当時、この方にお叱りを受けた事に加え、介助に入れなくなってしまったことで、信頼関係の重要性を学ぶ機会となりました。

　振り返って考えてみると、ご利用者に笑顔で過ごしてほしいと考えた対応の中で生まれたのは、瞬間的な笑いであり、信頼関係の構築で

はなかったと痛感しております。また、現場の責任者をしていた頃に、ご利用者から様々なご意見をいただくことがありましたが、その多くは、言葉づかいを中心とした、スタッフの接遇スキルが不足していることや配慮不足に起因する内容でした。

　介護現場は年数の経過とともに、接遇・マナーやホスピタリティがますます求められる時代に変化してきていると実感しており、現場のスタッフにとって重要なのはご利用者・ご家族にとって『ケアする人』になるのではなく、『安心して任せられる人』になることだと考えます。

　また、接遇・マナーはご利用者やご家族に対するものだけではなく、スタッフ間においても必要なことです。組織の調和が取れずして良いケアはできません。それは、人間関係の構築にも影響し、介護業界における離職率の高さの要因にも少なからずつながっているのではないかと思います。

　介護現場はチームケアです。スタッフ間でのコミュニケーションが円滑に図れ、ご利用者に対して尊敬の念と親しみを持って日々の介護をしていくことで安心感を持ってもらうことができます。そうすることで、ご利用者に心の底から笑顔になっていただけるのではないでしょうか。

　接遇・マナー向上のための取組みは、今までの経験や価値観に関係なく、今からでも取り組めることです。これからも、ご利用者とそのご家族、そして仲間を大切に想う気持ちを大切にしていきたいと思います。

大和ハウスライフサポート株式会社　企画部サービス推進室　齊藤大輔

02 良い接遇が広がる施設、広がらない施設

　以前、2つの施設を運営する法人において、職員の接遇を指導する「接遇マナーリーダー」養成のため、各施設からリーダークラスの中堅の職員を5人ずつ選んで養成講座を実施しました。そこで選考された職員は、真摯に講座に取り組んだ結果、他の職員に接遇を指導するための知識や技術が身に付き、そのスキルを活かして、講師として施設内で職員への接遇研修を開催するようになりました。

　そして半年後、施設での接遇の定着状況などを話し合う「振り返り研修」を実施したときに大変興味深いことが分かりました。

　2つの施設の1つであるA施設では、接遇マナーリーダーが職員向けに「接遇研修」を開催して指導した結果、施設における職員の利用者への態度や言葉づかいが改善されて、利用者のみでなく家族からも「職員の対応が改善されて、礼儀正しい態度や言葉づかいで接してくれるのでうれしい」という意見が多くありました。

　一方、もう1つのB施設では、A施設と同様に、指導を始めた当初は職員の利用者への態度や言葉づかいが改善されて、接遇マナーリーダーの人たちも意欲を持って指導に当たることができたのですが、少しすると以前のようになれなれしい態度や言葉づかいをする職員が増えてきているように感じているということでした。

　なぜ、2つの施設にこのような違いが生じてしまったのか、全員で

話し合った結果、２つの施設が置かれている環境が大いに影響していることに気づきました。

　A施設は駅から近い所にあり、交通の便が良いことに加え、入所している利用者は近隣に住んでいた人が多いので、多くの家族が定期的に施設を訪問しています。訪問した家族は、職員のマナーの改善に気がつき、「職員の態度や言葉づかいが良くなった」と多くの声が寄せられました。その言葉が励みになり、ますます職員のマナー改善が進んだのです。

　一方、B施設は電車の駅から遠く離れていて交通の便が悪く、入所している利用者は要介護度の高い人や遠方に住んでいた人ばかりでした。そのため、A施設のような家族の訪問はあまりなく、職員のマナー改善に対して利用者や家族からの感謝の言葉もありませんでした。職員は、始めは頑張って接遇やマナーの改善に努めたのですが、それに対する評価が得られなかったことで、自分たちにとってやりやすい元の対応に戻ってしまったのです。

　施設での職員の接遇を改善するためには、職員が接遇の重要性を理解して、利用者の尊厳を守る応対をするための指導をすることは大変重要です。ただ、良い接遇を定着させるためには、利用者や家族等の外部の人からの評価や感謝も必要です。つまり、家族やボランティアの人などが多く訪れる、外部の目がいつもある「風通しの良い施設」を作ることが、良い接遇が広がる施設づくりにつながるのです。

　　　　　　　　　　　　　　　　　　　　　　　　　　　　　　筆者

基本編

第2章

介護現場で活きる接遇

表情は第一印象を決めます

　職員の第一印象は介護現場では大変重要です。第一印象が悪いと利用者と信頼関係を築くのに時間がかかります。もし、結果として信頼関係を築くことができなければ、スムーズなケアが困難になってしまう可能性もあります。利用者の中には、体力を使う入浴介助やプライベートな排せつ介助などに難色を示す人も多いでしょう。職員を信頼できなければ、利用者はケアを受けることに対して苦痛を感じるかもしれません。第一印象は表情で決まります。職員の表情によって利用者に初めから悪い印象を与えてしまうと、その後のケアがスムーズに進まなくなってしまいかねません。

笑顔は「あなたを受け入れます」というメッセージ

　利用者は、職員の表情や態度から様々なメッセージを読み取ります。笑顔は「あなたを受け入れます」というメッセージです。常に穏やかな笑顔で接することで、利用者に安心感や信頼感を与えることができます。また、職員の笑顔によって場がなごみ、打ち解けた雰囲気になることで、利用者の不安な気持ちを洗い流すこともできます。

　もし、職員が疲れた顔でケアをしていたら、利用者は介護サービスの提供を受けることを「楽しい」と感じるでしょうか？自分たちへの

ケアで職員が疲れてしまっているのではないかと、かえって利用者に気をつかわせてしまうのではないでしょうか。

　「利用者は介護者の鏡」という言葉があります。職員が笑顔で利用者に接すれば、利用者も自然に笑顔になります。しかし、限られた時間内にできるだけ多くの利用者のケアをしなければならない介護現場では、目の前の業務をこなすだけで精一杯になってしまい、心の余裕がなくなることで、気がつくと笑顔ではなくなってしまうことも多くあります。介護のプロとして、笑顔で利用者に接することを常に意識しましょう。

好感度の高い笑顔の 4 つのポイント

　あなたの周りにいる人たちは、あなたの「表情」を見ています。相手に好感を持たれる笑顔を身に付けましょう。

①相手の目を見る

　相手の目を見ることで相手に承認のサインを送ることができます。

②目尻が下がっている

　目尻が上がっていると怒っているような印象を与えてしまいます。

③口の両端（口角）が上がっている

　「ウイスキ（イ）ー」と言ったときの「イー」の口元です。

ウ・イ・ス・キ（イ）ー

④相手への気持ちを込める

　作り笑顔ではなく、利用者への好意の気持ちを込めましょう。

アイコンタクトの重要性

　アイコンタクトとは、相手と視線を合わせることです。アイコンタクトをとることで、相手に対して「私はあなたを認めています」という「承認のサイン」を送ることができます。

　昔から「目は口ほどにものを言う」や「目は心の窓」と言われます。視線を合わせて、自分の話を聞いてくれる相手には「大事にされている」と感じやすく、信頼感や安心感も高まります。たとえ他の仕事をしていても、声をかけられたらいったん手を止めて相手と向き合い、しっかり目線を合わせて話を聞きましょう。

　また、アイコンタクトや声かけをするときに利用者の表情や様子、反応を観察することで、そのときの利用者の気持ちや体調を推察することもできます。マスクを着用する機会が多い介護現場だからこそ、相手の目を見て、しっかりアイコンタクトをとりましょう。

相手と「目線の高さ」をそろえましょう

　アイコンタクトでは、相手との「目線の高さ」をそろえることも大切です。もし、あなたが座っているときに、立っている相手に話しかけられたら、すぐに立ち上がりましょう。目線の高さをそろえることで、相手の顔色をうかがうような「上目づかい」になるのを防ぐことができます。反対に相手が座っているときは、あなたもかがんで目線の高さをそろえましょう。

　ただし、目線が合う時間が長すぎると、相手は自分の心の中まで見られているように感じて不安になり、「敵意や挑発のサイン」と受け取ることがあります。話し始めと重要なポイントでは、しっかりとア

イコンタクトをとり、それ以外のときは目から胸元を見ましょう。

　相手と話をするときの目線の範囲は、上は目の高さ、下は胸の高さ、両側は肩の線を基準とした四角形です。また、相手と話をしないで向かい合っているときは、この四角形をやや拡大させます。上下は額から

相手の話をきく場合

相手と向き合っている場合

腰のあたりまで、左右は両肩の少し外側を囲む四角形です。この範囲を外れると、相手からは目をそらしたと思われる可能性があります。

マスクを着用していても表情で印象が変わります

　新型コロナウイルスの影響で、介護現場ではマスクの着用が欠かせません。マスクを着けていると口元が見えず、表情が分かりづらいので、笑顔で利用者に接することをやめてしまう人もいますが、マスクを着けていても表情で利用者が受ける印象が異なります。

マスクを着用したときの 3 つのポイント

①怒った顔

　口が「への字」になり、目や眉毛もつり上がってしまいます。この場合、マスクを着用していても、表情は険しく相手に威圧的な印象を与えてしまいます。

②疲れた顔

　目元や口元に力がなく、眉毛と眉毛の間にシワができてしまいます。この場合、マスクを着用していても、疲れて、やる気がない印象を相手に与えてしまいます。

③笑顔

　口角は上がり、目尻は下がります。そうすると、マスクを着用していてもその目元から、相手に優しい印象を与えることができます。

声かけや動作の前と後に「笑顔とアイコンタクト」

　声かけや動作の前と後には、必ず「笑顔とアイコンタクト」を添えましょう。これが、「好感度の高い表情」を作る第一歩です。分かっていても「目の前の仕事に追われて」ついつい忘れてしまいがちですが、普段から意識して「笑顔とアイコンタクト」を心がけることが重要です。

Chapter 02 挨拶

挨拶はコミュニケーションの第 1 歩です

　心のこもった挨拶が好感度の高い第一印象を与えます。挨拶は、1日のスタートでもあり、コミュニケーションの第 1 歩です。挨拶をするときは、自分から先に心をこめて気持ちの良い挨拶をしましょう。自分から挨拶をすれば、相手も挨拶を返してくれます。また、明るい挨拶によって、相手を歓迎している気持ちが伝わります。

　また、挨拶は人間関係の潤滑油です。気持ちの良い挨拶で、人間関係をスムーズにすることができます。利用者や家族だけでなく一緒に働く人にも気持ちの良い挨拶をしましょう。

日本の挨拶には立礼と座礼があります

　日本の挨拶には、立ってお辞儀をする「立礼」と、座ってお辞儀をする「座礼」があります。それぞれのポイントについて解説します。

立礼

　まずは、現代の西洋的な生活様式で行われることの多い「立礼」について解説します。好感度の高い立礼には流れがあります。

①立ち止まって、姿勢を整える

　いったん立ち止まることで、正しい姿勢をとることができます。背筋を伸ばして立ち、両手は指先をそろえて身体に沿わせます。美しい

立礼は、お辞儀の前の立った姿勢が重要です。

②相手の目を見る

相手と身体の向きを合わせて、アイコンタクトをとります。

③挨拶の言葉が先、その後で上体を倒す

日本の挨拶は、先に挨拶の言葉を述べ、その後でお辞儀をする「語先後礼（ごせんごれい）」が基本です。

④上体は腰を中心にまっすぐ倒す

背筋を伸ばして、上体を前傾させます。

⑤上体を倒し、いったん止め、ゆっくりと上体を起こす

頭が一番下に下がったときに静止することで、メリハリのあるお辞儀になります。体を倒すときよりも、体を起こすときのほうが早くなりがちですが、ゆっくり起こすことで、相手に丁寧な印象を与えます。

⑥上体を起こした後、もう一度相手の目を見る

アイコンタクトにより「間」ができ、お辞儀に深みが生まれます。

角度によって変わるお辞儀の意味

立礼には、上体を前傾する角度によって 3 種類のお辞儀があります。TPOを考えて適切なお辞儀を選びましょう。

①会釈

入退室時やすれ違う場面のお辞儀です。腰を中心に上体を15度ぐらい前傾します。

②敬礼

日常の挨拶や出迎え、見送り等の場面のお辞儀です。腰を中心に上体を30度ぐらい前傾します。

③最敬礼

深い感謝の気持ちやおわびをする場面のお辞儀です。腰を中心に上体を45度ぐらい前傾します。

分離礼と同時礼

挨拶は、お辞儀と言葉を行うタイミングで「分離礼」と「同時礼」に分かれます。相手や場面に合わせて使い分けましょう。

①分離礼

言葉を先に述べ、お辞儀を続ける正式な挨拶です。相手への敬意を最も表すことができ、先に述べた「語先後礼」がこちらに該当します。

②同時礼

言葉の途中からお辞儀をします。分離礼よりは略式ですが、状況に合わせて行えば失礼には当たりません。例えば、職員同士の日常の挨拶は、簡潔に同時礼で良いかもしれません。

座礼

利用者の自宅を訪問するとき、和室に通されることもあります。利用者が和室に座っている場合、立って挨拶をするのは失礼です。

このような場合は、「座礼」をしましょう。座礼にも３種類のお辞儀の仕方があります。TPOを考えて適切なお辞儀を選びましょう。

①浅い礼

　会釈程度の軽いお辞儀です。正座から、手を膝の横にそろえて指先が少し畳に付くまで上体を曲げます。

②普通の礼

　挨拶の言葉を述べるときのお辞儀です。手を膝の脇に付き、指先と膝頭が並ぶ位置まで上体を曲げます。

③深い礼

敬意や感謝を伝えるお辞儀です。手を膝よりも前で「八」の字の形になる位置まで上体を曲げます。

基本の挨拶の言葉を覚えましょう

利用者や家族と適度な距離感を保つためにも、挨拶は丁寧な言葉で伝えましょう。また、組織の一員としての礼儀正しい挨拶の言葉を身に付けましょう。

基本の挨拶

「おはようございます」	1日のスタートは、明るく、元気に、ハッキリ挨拶をします
「いらっしゃいませ」	家族や訪問者を快く迎えるために歓迎の心を込めて伝えます
「はい」	呼ばれたときは、すぐに返事をしてあなたのやる気を伝えます
「承知いたしました」	指示や依頼を受けたときは、しっかりと引き受けましたという意思表示をします
「ありがとうございます」	感謝の気持ちを伝える大切な言葉です
「お願いします」	人にものを頼むときは、この一言を添えましょう

「申し訳ございません」	相手に迷惑をかけたときは、素直に謝ります
「お疲れさまです」	相手を気づかう気持ちを言葉で伝えます
「お待たせいたしました」	待っていただいたことへの感謝の気持ちを込めて伝えます
「お先に失礼いたします」	一日の締めくくりに感謝の気持ちを込めて伝えます

挨拶に続ける言葉

　挨拶の後に心なごむ一言を付け加えることで、利用者や家族とのコミュニケーションが始まり、信頼関係が深まります。

　例えば、このような言葉を挨拶の後に続けてみましょう。

①相手を承認する言葉

　「おはようございます！　○○さま、素敵なお洋服ですね」

　「おはようございます！　○○さま、お待ちしていました」

　「こんにちは！　○○さま、お変わりないですか」

　「お久しぶりです！　○○さま、お会いできてうれしいです」

②自分の五感を働かせた言葉

　五感とは、視覚・聴覚・嗅覚・触覚・味覚のことです。

　「おはようございます！　○○さま、今日は暖かくなりましたね」

　「こんにちは！　○○さま、今日は顔色がいいですね」

　「こんばんは！　○○さま、今夜は月がきれいですよ」

　「お久しぶりです！　○○さま、お元気そうですね」

Chapter 03 身だしなみ

多くの高齢者は見た目で先入観を持ちます

　高齢者は、認知機能の低下により、理性より感覚的な部分で情報を受け取りやすくなっています。そのため、視覚や聴覚からの情報がより重要です。つまり、表情や態度・身だしなみ・挨拶から受ける印象が記憶に残りやすく、先入観につながるのです。しかも、1 度持った先入観を変えるのは難しく、その後も最初の印象が長く続きます。

　また、目に見える商品を販売するのではなく、利用者への支援により報酬を得ている介護サービス事業の場合、サービスを提供する職員のイメージが、そのサービスや事業所全体のイメージにつながります。

　例えば、服にフケが落ちて不潔に見える職員が食事の介助をしていると、「食事そのもの」が不潔なイメージになってしまい、その職員がサービスを提供している事業所も悪い印象を持たれてしまいます。その結果、他の職員が一生懸命作り上げてきた事業所の良いイメージが、たった 1 人の職員のために崩れてしまうことになるのです。

身だしなみとおしゃれの違い

　「身だしなみ」は相手のために整えるものです。相手本位で、服装や髪型を整えて、不快感を与えないようにする心配りでもあります。

　一方、「おしゃれ」は自分が楽しむものです。自分本位で考え、自

分の好みで服装や髪型を選びます。

　職場では「身だしなみ」が重要です。おしゃれは、プライベートの時間に思いっきり楽しむものです。あなたの身だしなみは、あなた自身ではなく相手が判断します。自分の考えやこだわりよりも、「相手がどのように感じるか」を考慮して身だしなみを整えることが重要です。

　また、相手の感じ方はその人の性別や年代で異なります。介護現場では、利用者の生活歴やこれまでに生きてきた時代背景などを考慮することも大切です。

介護現場の身だしなみ

　介護の仕事は、身体介助や入浴介助など、利用者に近い距離で行う業務が多くあります。清潔感・機能性・安全性に配慮した身だしなみを心がけましょう。

介護現場の身だしなみの3つのポイント

①清潔感

　服装に汚れがなく、身だしなみがきちんとしていると、誠実な印象を与えます。

②機能性

　迅速で適切な対応のため、動きやすい服装が不可欠です。

③安全性

　高齢の利用者の肌は傷つきやすくデリケートです。安全で安心な介護を提供するためにも、爪やアクセサリーなどに気を配りましょう。

　この3つのポイントを心がけることで、利用者だけでなく、利用

者の家族にも好印象を与え、「大切な人を安心して任せることができる」という信頼感につながります。

職場によって異なる適切な身だしなみ

介護現場でよく問題になるのが髪の色や男性のヒゲなどです。接遇やマナーにおいてはバランス感覚が重要です。職場によって適切な身だしなみは異なるので、その職場に適したものを選びましょう。

例えば、美容院のスタッフの金髪やヒゲは決して不快ではありません。かえってファッション性や流行を伝えることができ、好印象の場合もあります。

しかし、介護現場では異なります。高齢の利用者は職員の金髪やヒゲをどう感じるでしょうか？利用者の生活してきた時代背景を考えた場合、清潔感や信頼感につながらない可能性が高いのではないでしょうか？

以前、次のようなことがありました。

金髪の若い職員が入所して勤務を始めた当日、ある利用者の家族から「母があの金髪の職員に虐待されるのではないかと心配している」という苦情が入りました。

その利用者が育った時代には金髪は一般的ではなく、一部の特殊な人がしている髪の色というイメージがあったのでしょう。利用者の頭の中で「金髪」イコール「不良」と理解され、それが「虐待」というイメージにつながってしまったようです。

その職員には、髪を落ち着いた色に染め直してもらいましたが、利用者が初めに持った悪い印象はしばらく続いてしまいました。

このように、年代や育った環境で身だしなみの基準は異なります。

その職業で接する相手を考慮し、職場に適した身だしなみを整えましょう。

　また、身だしなみの基準は、個々の職員に判断を委ねるのではなく、事業所の理念を反映し、利用者や家族に安心感や信頼感を与えるような「身だしなみ規定」を定めておきましょう。また、各職員は身だしなみ規定に基づいた「身だしなみチェックリスト」を持ち、業務に入る前にセルフチェックをするように心がけましょう。

→資料編【身だしなみチェックリスト】（P115）参照

介護現場で避けたい身だしなみ

　下記のような身だしなみは介護現場では避けましょう。

①カーディガンなどのボタンやファスナーが開いたままになっている

②エプロンのひもがほどけたり、緩んだりしている

③ポケットにたくさんの物が詰め込まれている

④上着を腰に巻いている

⑤胸元が開きすぎている衣服を身につけている

⑥タンクトップやノースリーブ等、肩が出すぎる服を身に付けている

⑦衣類が薄手で、下着が透けて見えている

⑧ズボンを腰の位置で履いている

⑨入浴介助以外の場所で、短パンのままで歩き回っている

⑩アクセサリーを着用している（結婚指輪は除く）

⑪ヒールが高く、動きにくい靴を履いている

身だしなみを整えることは、感染症対策にもつながる

　身だしなみは、見た目のイメージのみでなく、感染症対策の視点からも重要です。介護現場では、状況に応じたマスクやゴーグル、フェ

イスシールドなどの着用は、髪型や制服と同じように身だしなみの一部です。ただし、「非日常的」な様相を怖いと感じたり、自分のことを不潔だと感じているのではと不快に思ったりする利用者もいるかもしれないので、感染予防のために着用していることを事前に伝えましょう。マイナスイメージを持たれないような配慮が必要です。

　また、マスクは自分に合ったサイズを使いましょう。マスクが大きすぎたり、小さすぎたりすると、見た目が悪いだけでなく、ずれて隙間ができるため、十分な感染対策ができないこともあります。

施設の身だしなみも忘れずに

　身だしなみは、職員だけでなく、施設にも求められます。施設の身だしなみとは、施設内の整理整頓のことです。迅速な介護の提供や、プライバシー保護のためにも、施設の身だしなみは大切です。

　例えば、利用者の介護記録やケアプランを確認したい場合、それらが決まった場所に整理整頓して保管されていれば、許可を得てすぐに確認することができます。しかし、そのような書類が、施設長やケアマネジャーの机の上や引き出しに無造作に入っていれば、探すのに時間がかかるだけでなく、外部の人を含め、誰でも見ることができてしまい、利用者のプライバシーが侵害される恐れもあります。

　また、Sサイズのおむつが3個必要な場合、倉庫の中でサイズ別に整理整頓されて保管されていれば、倉庫から持ち帰るのに多くの時間はかかりません。しかし、全てのサイズのおむつがバラバラに入っていれば、その中から選ぶのに時間がかかってしまいます。これでは迅速な介護は提供することができません。

美しい話し方は、あなたの好感度を上げます

　美しい話し方は、好感度を上げるための大切な要素です。「言葉づかいは心づかい」と言われ、あなたのイメージを左右します。

　話し方は好感度を上げることができる反面、相手を傷つけたり、苦しめたりもします。一度口に出した言葉は元には戻りません。「一言の重み」を考え、相手に対する気配りを忘れないようにしましょう。

　「親しき仲にも礼儀あり」という言葉があります。どんなに親しい仲でも最低限、相手を敬う気持ちを表現することを忘れずに、施設の顔として利用者や家族を不快にさせない言葉づかいを身に付けましょう。

相手の気持ちを考えて言葉を選びましょう

　思いついた言葉をストレートに口に出して伝えるのではなく、その言葉を伝えたとき、相手がどのような気持ちになるかを考えて話しましょう。介護現場では利用者があまり人前で言われたくない言葉は、他の利用者に聞こえる場所では使わないような心配りが必要です。

　例えば、おむつ交換をしたいとき、周りに聞こえるような大きな声で「そろそろおむつ交換しようか？」と伝えてはいけません。このような場合は、利用者に近づき、適度な大きさの声で「トイレにご案内

しましょうか？」「お部屋に戻りましょうか？」などと伝えましょう。

利用者のプライドを傷つけない言い方をする

　利用者から「トイレに行きたい」と言われたとき、職員が「はい、トイレに連れていってあげる」と答えたら、利用者はどのような気持ちになると思いますか？「〜してあげる」という表現から「世話をしてあげている」という、上から目線の印象を利用者に与えませんか？職員がこのような言い方をすると、利用者は「誰かに世話をされなければ、自分では何もできない…」と感じ、プライドが傷ついてしまう可能性があります。

　このような場合は、敬いの気持ちが伝わるように、「トイレにご案内します」や「トイレにお連れします」などと伝えれば、利用者は前向きな気持ちになることができます。

友達言葉はTPOをわきまえて上手に使う

　なれなれしい言葉は「友達言葉」とも言われます。友達言葉とは、親しい友人や家族などの親密な関係の人に使う言葉です。くだけた言葉づかいをしても関係が崩れない、親密な人間関係を築いている相手に対する、リラックスしたオープンなコミュニケーション方法です。

　介護現場では、友達言葉を使用することで利用者から親近感を持ってもらえる一方で、常に友達言葉で利用者に話しかけると、遠慮がなく、ぶしつけな、なれなれしい人だという印象を持たれてしまいます。

　また、周りに他の利用者がいるところで、特定の利用者に友達言葉で話しかけていると、他の利用者はどのように感じるでしょうか？近くに利用者の家族や訪問者がいたら、どのように感じるでしょうか？おそらく良い印象を与えないでしょう。利用者との関係だけでなく、

周りにいる人の気持ちにも配慮し、TPOに適した言葉を選んで使い分けましょう。

　特に業務に関する声かけは、敬語を使用することで、お客様である利用者に対して、介護職員として、節度と敬意の気持ちを持って接していることを伝えることができます。

【例】

職員

> ×ご飯だよ！
> 　　○食堂までご案内します
> ×お風呂だよ！
> 　　○お風呂の準備が整いました
> ×あっち！あっち！
> 　　○あちらに進んでいただけますか？

認知症の利用者には短い丁寧語で伝える

　認知症の利用者への声かけで「丁寧な言葉づかいで声かけをしても理解できないので、短く、簡潔に、『立って』、『座って』、と言うことで、相手にしてもらいたいことを確実に伝えることができる」という意見を聞くことがあります。はたして本当にそうでしょうか？

　「立って」という言葉が理解できるのであれば「立てますか」という言葉も理解できる可能性があります。また、もし「立てますか」という言葉を伝えても理解できない場合は、言葉をそれ以上短くする前に、ジェスチャーを付け加えることで、認知症の利用者でも理解することができるのではないでしょうか。

　始めの声かけは、尊敬語や謙譲語を使って礼儀正しく丁寧に行い、

　1〜2回声をかけても利用者が理解できていないように感じた場合は、短い丁寧語で、分かりやすく伝えるようにしましょう。そのとき、表情やジェスチャーも一緒に付けます。例えば、利用者に座るよう促す際は、椅子のほうを手で指し、アイコンタクトで利用者の視線を椅子のほうに向けて、「座りますか？」と声をかけると効果的です。

　また、「立って」、「座って」のように、指示、命令をするような言葉で伝えると、言葉だけでなく表情や口調まで厳しくなりがちです。そうすると、利用者はまるで叱られているように感じてしまう可能性があるので気をつけましょう。

スピーチロックに気をつける

　強い口調で命令的な言葉をかけたり威圧的な態度によって利用者の行動を抑制したりする声かけのことを「スピーチロック」と言います。

【例】

　「あ〜、ダメダメ！」「立っちゃダメ！」「食べちゃダメ！」「やめてください！」など

　スピーチロックは、利用者を職員の都合で動かそうとするときに使いやすい言葉です。介護現場では「介護する人」と「介護される人」の関係になりやすく、職員は無意識のうちに支配的立場に立ってしまいます。たとえ、事故を防ぐために発した言葉であっても、利用者の行動を抑制するような言葉は、精神的苦痛を与えてしまうので慎みましょう。

→ケーススタディ編Scene02（P80〜）参照

肯定的な対応をする

　利用者や家族から何か依頼されてもできないときは、否定的な返事

をする前に、肯定的な返事ができないかを考えてみましょう。

　例えば、ケアプランにないことを依頼された場合、「ケアプランにないので、できません」と言えば否定的な返事になってしまいますが、「申し訳ございません。保険適用の料金ではできませんが、有料サービスであればお受けできます」と伝えれば肯定的な返事になります。「ノー」と言う前に、「イエス」の答えを探す努力をしましょう。

相手が不快に感じる言い方は避ける

　「はぁ〜」や「ホントですか？」など、何気なく使っている言葉でも、避けたほうが良い言い方があります。

相手が不快に感じる言い方

不快に感じる言い方	好感度の高い言い方
「はぁ〜」「は？」 ⇒相手は馬鹿にされているように感じます	「はい」
「ホントっすか？」 「マジっすか？」 ⇒「〜っすか？」という言い方は、相手を軽視したなれなれしい言い方です	「さようでございますか」
「え〜ホントですか？」 「まぁ〜ですね」 ⇒「私は納得していないのよ」ということを感じさせる言い方です	「おっしゃる通りです」
「そうですねぇ〜」 ⇒曖昧で優柔不断さを感じさせる言い方です	「さようでございますか」
「いえ、違います！」 ⇒冷淡に即否定されているようで相手を不快にさせます。	「○○様は、そのように思われるのですね」
「一応〜」「たぶん〜」 ⇒曖昧な表現は、いい加減な印象を相手に与	「確かに」「確認します」

えます。「確かに」という言葉に変えると、責任感のある、前向きな表現に変わります。また、自分の判断では答えられない場合は確認することを伝えましょう	
「～していますが」 ⇒「それは既にお話をしていますが」など、話の終わりに「～していますが」という表現を使うと、「自分には責任がなく、きちんとしていますが、何かありますか？」と捉えられますので注意しましょう。	「もう一度ご説明させていただきます」

「クッション言葉」はマジックワード

　人から伝言を頼まれるとき、前置きなく急に「○○さんに伝えてください」と言われたら、命令されているように感じませんか？

　このようなときは「お手数をおかけいたしますが、○○さんにお伝えいただけますか？」と言われれば、相手の気配りを感じることができ、気分良く引き受けることができます。この「お手数をおかけいたしますが」といった表現を「クッション言葉」と言います。お願いやお断りをするとき、クッション言葉を付けることで、相手への気配りを伝え、印象を和らげることができます。また、語尾を「～していただけますか？」と疑問形にして伝えることで、雰囲気が柔らかくなり、相手が受け入れやすくなります。

【例】

　「お待ちください」

　⇒「申し訳ございませんが、少しお待ちいただけますか？」

　「電話してください」

⇒「恐縮ですが、お電話をかけていただけますか？」

クッション言葉は状況に応じて使い分ける

　クッション言葉は、その時々の状況や相手に応じて使い分けると、より一層相手への気づかいの気持ちが伝わります。

シーンに応じた使い分けの例

①相手に頼みごとをするときは

　「恐れいりますが」「恐縮でございますが」

　「お手数をおかけいたしますが」「ご面倒をおかけいたしますが」

　「折り入ってお願いがあるのですが」「ぶしつけなお願いですが」

②相手に質問したいときは

　「失礼ですが」「よろしければ」「差しつかえなければ」

　「つかぬことを伺いますが」「お尋ねしたいことがあるのですが」

③相手からの依頼を断るときは

　「あいにくですが」「申し訳ございませんが」「せっかくですが」

　「心苦しいのですが」「お役に立てずに残念ですが」

④相手に苦情を言うときは

　「失礼かもしれませんが」「申し訳ありませんが」

　「大変申し上げにくいのですが」「厳しいことを言うようですが」

相手に応じた使い分け

　相手に応じた使い分けも必要です。例えば、一緒に働く同僚に頼みごとをしたいとき、「○○さん、恐縮でございますが」と言うと、よそよそしい印象を与えてしまいます。そんなときは、「○○さん、折り入ってお願いがあるのですが」と言えば、同僚への気づかいの気持ちも伝わり、打ち解けた雰囲気で頼みごとをすることができます。

　また、利用者にお願いをするときは、「○○様、大変恐縮でございますが」と言えば、利用者への敬いやへりくだりの気持ちが伝わり、快く受け入れてもらうことができます。

敬語を適切に使いましょう

　敬語は、相手に対する敬いやへりくだりの気持ちをメッセージとして伝えます。尊敬の気持ちが伝わることで、相手は気持ち良くあなたを受け入れることができます。敬語を適切に使うためには、敬語の種類や仕組みについて知っておく必要があります。

　「へりくだる」とは、相手への敬意を示すために、相手に直接尊敬表現を示すのではなく自分の立場を低くすることです。

　ここでは、敬語の種類や仕組みについてお伝えしたいと思います。

敬語の種類

３種類		より詳細な分類（５種類）
丁寧語	丁寧語	「です・ます・ございます」等 話や文章の相手に対して丁寧に述べる
	美化語	「お酒・お料理・ご飯」等 物事を美化して述べる
尊敬語	尊敬語	「いらっしゃる・おっしゃる」等 相手側や第三者の行為・物事などについて、その人を立てて述べる
謙譲語	謙譲語Ⅰ	「伺う・申し上げる」等 自分側から相手側や第三者に向かう行為・物事などについて、向かう先の人を立てて述べる

謙譲語 Ⅱ	「参る・申す・いたす」等 自分側の行為や物事などを、話や文章の相手に対して丁重に述べる

3 種類の敬語を使いこなしましょう

　敬語には、大きく分けて「丁寧語」「尊敬語」「謙譲語」の基本の3種類があります。相手の立場や年齢、関係性を考慮して、これらの敬語を使い分けましょう。

①丁寧語

　相手と自分の立ち位置は同じで、動詞の後に「です」「ます」等をつけることにより、言葉を美しくして品位を高める用法です。こちらが相手を丁寧に扱っていることが、伝わります。

　丁寧語は、相手の行為にも自分の行為にも使える言葉です。例えば、利用者に対して「○○さん、食事を食べますか？」と質問する場合にも使えますし、「私も一緒に食べます」と自分の行為について述べるときにも使えます。

②尊敬語

　相手を高めることによって敬意を表す言葉で、相手を尊敬している気持ちが伝わります。

　「食べる」を「召し上がる」という表現に変えるなど、相手の行為に対して使います。自分の行為に対しては使うことができません。例えば、利用者に対して職員が「○○様、食事を召し上がりますか？」と言うのは正しいですが「私も一緒に食事を召し上がります」と自分の行為について使うのは不適切な使い方です。

③謙譲語

　自分を低くした言葉で、間接的に相手への敬意の気持ちを伝えます。

　「食べる」を「いただく」に変えるなど、自分の行為に使いますが、相手の行為に対しては使うことができません。例えば、職員が「私も一緒に食事をいただきます」と言うのは正しい使い方ですが、利用者に対して「○○様、食事をいただきますか？」と相手の行為について使うのは不適切な使い方です。

　先の会話を正しい敬語を使って伝えたいのであれば、利用者に「○○様、食事を召し上がりますか？」と尊敬語で質問をして、「私も一緒に食事をいただきます」と謙譲語で自分の行為を伝えます。

尊敬語と謙譲語の作り方

　尊敬語と謙譲語の作り方には、一般形と特定形があります。

①一般形

　動詞の前後に一定の言葉を付け加えます。

一般形の例

動詞	尊敬語	謙譲語
(例)待つ	「お(ご)～になる」型 お待ちになる	「お(ご)～する」型 お待ちする
	「～れる(られる)」型 待たれる	「お(ご)～いたす」型 お待ちいたす ※お(ご)が付かない動詞もあります
	「お(ご)～くださる」型 お待ちくださる	「お(ご)～いただく」型 お待ちいただく 「～ていただく」型 待っていただく

一般形（「お（ご）〜になる」型と「お（ご）〜する」型）の作り方

動詞の原形	尊敬語 「お（ご）〜になる」型	謙譲語 「お（ご）〜する」型
話す	お話しになる	お話しする
会う	お会いになる	お会いする
尋ねる	お尋ねになる	お尋ねする
聞く	お聞きになる	お聞きする
読む	お読みになる	お読みする
答える	お答えになる	お答えする

②特定形

　特定の用語に置き換える語形のことです。この場合、動詞の原型の名残はなくなり、全く違う言葉となります。

特定形の書き換え

動詞	尊敬語	謙譲語
いる	いらっしゃる	おる
言う	おっしゃる	申す・申し上げる
行く	いらっしゃる	伺う・参る
来る	いらっしゃる・お越しになる	参る
食べる	召し上がる	いただく・頂戴する
する	なさる	いたす
見る	ご覧になる	拝見する

尊敬語と謙譲語の混同に注意する

　敬語の間違いで一番多いのは、一般形の尊敬語の「お（ご）〜になる」型と謙譲語の「お（ご）〜する」型の使い間違いです。

　例えば、こんなケースを考えてみましょう。新人職員の田中さんは、利用者の山本さんに「こちらで、お待ちしてください」と声をかけました。すると、山本さんは、ムッとした表情をして返事もせずに通り過ぎて行ってしまいました。

　なぜ、山本さんは不機嫌になったのでしょうか？「お待ちする」は自分の行為に使う謙譲語です。山本さんは、田中さんの言葉から、見下された扱いを受けたと感じて、不機嫌になったのです。

　このような場合は「こちらで、お待ちになってください」という尊敬語を使うことによって、山本さんを大切なお客様として扱っているという尊敬の気持ちを、言葉を通じて伝えることができます。

【例】

職員

×ご案内をお読みしてください
　〇ご案内をお読みになってください
×受付でお尋ねしてください
　〇受付でお尋ねになってください
×ご説明をお聞きしてください
　〇ご説明をお聞きになってください

　敬語の使い方で、相手を不快にさせてしまうこともありますので、注意しましょう。

自施設の職員に尊敬語を使わない

　敬語の使い方で、次に間違いが多いのは、「内」と「外」の使い分けです。内とは、自分側の人（自分の家族・自施設の職員）のことで、外とは、外部の人（利用者の家族・取引先など）のことです。

外部の人と話す際、自施設の職員について尊敬表現は使いません。

例えば、あなたが施設の職員で、施設内で他の職員から施設長がいるかどうかを尋ねられたとします。施設長は目上の人ですから「山田施設長は外出していらっしゃいます」と、職場内の職員に対しては尊敬語を使います。しかし、利用者の家族から尋ねられた場合は「施設長の山田は外出しております」と謙譲語を使います。

なお、「山田施設長」という表現は「名字＋役職」となり、尊敬表現になります。外からの問合せには「施設長の山田」（役職＋名字）という言い方をします。施設長を役職として示した上で、謙譲表現として名前をつけて言います。

【例】

山田施設長は、いらっしゃいますか？

利用者家族

職員

×山田施設長は、外出していらっしゃいます

○施設長の山田は、外出しております

敬称の使い方

人の名前などに付けて敬意を表す敬称は、相手との関係によって使い分けが必要です。

例えば、あなたの友達に向かって、その友達の子どもについて話すときに「息子さん」と呼ぶのは問題ありませんが、利用者とその利用者の子どもについて話すときに「息子さん」と呼ぶのは敬意が不足しています。そのような場合は、「ご子息」という言い方をします。敬称は状況によって使い分けましょう。

敬称の使い分け

もとの言葉	自分側に使う呼び方	相手側に使う敬称
会社	弊社	御社・貴社
施設	私どもの施設	○○様の施設
施設長	施設長の○○ （役職＋名字）	○○施設長 （名字＋役職）
両親	両親・父母	ご両親・ご両親様
夫	夫・主人	ご主人・ご主人様
妻	妻・家内	奥様・奥方様
父	父	お父様
母	母	お母様
子ども	子ども	お子様
息子	息子	ご子息・ご子息様
娘	娘	ご息女・お嬢様
祖父	祖父	おじい様
祖母	祖母	おばあ様
伯父・叔父	おじ	おじ様
伯母・叔母	おば	おば様

※伯父、伯母とは、父母の兄、姉のことです。
　叔父、叔母とは、父母の弟、妹のことです。

家族の気持ちにも配慮する

　施設で名字が同じ利用者が 2 人以上いる場合は、混同しないように下の名前で呼ぶことが多くあります。ただ、その場合も注意が必要です。

　例えば、次のようなケースが考えられます。ある施設では同じ名字の人がいたため、利用者本人に確認をとったところ、「里子さん」と

下の名前呼んでかまわないと言われました。そこで全ての職員が「里子さん」と呼んでいました。

　しかし、利用者の家族が訪問したとき、その様子を見て、「職員が母のことを里子さん、と下の名前で呼んでいるのを聞いて、大変不愉快だった。きちんと名字で呼んでほしい」というクレームがありました。実はその利用者の夫はクリニックを経営する医師で、利用者はクリニックに務めている職員から、「奥様」と呼ばれ尊敬されていて、下の名前で呼ばれるようなことはなかったのです。しかし、施設では職員から下の名前で呼ばれているのを見て、職員に見下されているようで、大変不愉快に感じたのでした。

　利用者本人は了承していたので、職員が下の名前で呼んでも問題ないと思っていましたが、家族の気持ちは必ずしも利用者と同じではなかったのです。

　利用者の名前の呼び方などは、本人だけでなく、家族にも確認をとり、利用者一人ひとりの生活歴や過去の環境を考慮して対応することが重要です。目の前の利用者は家族にとって、かけがえのない存在であるということを忘れずに対応しましょう。

→ケーススタディ編Scene01（P77〜）参照

二重敬語と敬語連結を使い分ける

①二重敬語

　1つの語に同じ種類の敬語を二重に使ったものを二重敬語と言います。例えば「お読みになられる」という言葉は、「お読みになる」と「〜れる」という2つの尊敬語を二重に使っています。

　二重敬語は、一般的には適切ではないとされています。ただし、習

慣として定着している場合は許容されています。

【習慣として定着している二重敬語の例】

・尊敬語の「お召し上がりになる」「お見えになる」

・謙譲語の「お伺いする」「お伺いいたす」

②敬語連結

　２つの語を、それぞれ敬語にして「て」でつなげたものを敬語連結と言います。例えば「お読みになっていらっしゃる」という言葉は、「お読みになる」と「いらっしゃる」という２つの尊敬語を「て」でつなげて使っています。

　敬語連結は、個々の敬語の使い方が適切で、かつ敬語同士の結び付きに意味的な不合理がない場合は許容されています。

【許容される敬語連結の例】

・尊敬語の「お読みになっていらっしゃる」「お読みになってくださる」

・謙譲語の「ご案内して差し上げる」

マニュアル敬語に注意する

　マニュアル敬語は、新人職員等の指導に用いられる職場での言葉づかいです。マニュアルの中での画一的な言葉の使い方は、相手にかえって不快な思いをさせたり、その場にそぐわない表現になったりすることがあるので注意しましょう。

マニュアル敬語の例

マニュアル敬語	誤用の例	正しい言い方	解説
「〜から」	「1,000円からいただきます」	「1,000円お預かりいたします」	「から」は起点や出発点を表す場合に使います。 【例】 「埼玉から千葉まで」 「午後2時から始まる」
「〜のほう」	「名刺のほうをいただけますか」 「私のほうからお電話いたします」	「名刺をいただけますか」 「私からお電話いたします」	「ほう」は方向や部分、分野などを表す言葉です。ぼかした言い方になるので、省略することで、すっきりとした言い方になります。
「〜になります」	「こちら契約書になります」	「こちらが契約書です」	「〜になる」は変化、時期、機能、恩恵などに使用する言葉です。
「〜でよろしかったでしょうか」	「面会の予定は11時でよろしかったでしょうか」	「面会の予定は11時でよろしいでしょうか」	今起きていることに対して会話をしている場合は、「よろしかった」という過去形ではなく、現在形を使います。
「〜を頂戴できますか?」	「お名前を頂戴できますか?」	「お名前を伺えますか?」 「お名前を聞かせていただけますか?」	名前や電話番号はもらうものではありません。

やさしく丁寧な言葉を使いましょう

やさしい言葉を使いましょう

　介護現場では、感染症予防のためにマスクの着用を依頼することが多くあります。あなたが職員からマスクの着用を依頼されたとき、一番受け入れやすく、好感を持てる言葉は、次のうちどの言葉ですか？

職員

①マスクを着けてください

②マスクを着けてください、お願いします

③マスクを着けていただけますか？

④恐縮ですが、マスクを着けていただけますか？

　①から④にかけて「やさしい表現」になります。

①マスクを着けてください

→丁寧語なので失礼にはなりませんが、相手は指示や命令されたように感じてしまいます。

②マスクを着けてください、お願いします

→「お願いします」をつけることで、指示からお願いに変わります。

③マスクを着けていただけますか？

→語尾を疑問形にすると印象を和らげることができ、さらに謙譲語を使うことで、相手への敬いの気持ちも伝わります。

④恐縮ですが、マスクを着けていただけますか？

→クッション言葉を付けることで、相手への心配りも伝わります。

　このように、相手に何か依頼をするときは、指示や命令的な言葉ではなく、「お願いします」を付けたり、疑問形、尊敬語や謙譲語を使ったりするこ

とにより、丁寧で「やさしい言葉」になります。さらに、クッション言葉を付け加えれば、相手に対する心配りも伝えることができます。

丁寧な表現を身に付ける

　以下のように普通の表現（日常的に使う言葉）を丁寧な表現に言い換えるだけで、好感度が上がります。

丁寧な表現への言い換え

普通の表現	丁寧な表現
おととい	一昨日（いっさくじつ）
きのう	昨日（さくじつ）
きょう	本日（ほんじつ）
あした	明日（みょうにち）
あさって	明後日（みょうごにち）
さっき	先ほど（さきほど）
あとで	後ほど（のちほど）
この間	先日（せんじつ）
もうすぐ	間もなく
ちょっと	少し
すぐに	至急（しきゅう）
もう一度	あらためて
どっち・どこ・どれ	どちら
どんな	どのような
誰	どなた様
この人	こちら様
あの人	あちら様
同伴者	おつれ様

介護現場でよく使う接客用語

　丁寧な言葉づかいはあなたの好感度を上げて、利用者や家族との信頼関係を築くことに役立ちます。ぜひ、活用しましょう。

利用者や家族に使わない表現／使う表現

利用者や家族に使わない表現	利用者や家族に使う丁寧な表現
分かりました	かしこまりました／承知いたしました
今、すぐ行くから	ただ今、すぐに参ります
どうも、すみません	大変申し訳ございません
知りません	存じません／分かりかねます
見ました	拝見しました
今、○○（事業所内の職員名）はいません	ただ今、○○は席を外しております
どうしましょうか？	どのようにいたしましょうか？
調べてみます	お調べいたします
あとで、電話します	後（のち）ほど、私からお電話させていただきます
○○が帰ったら言っておきます	○○が戻りましたら申し伝えます
誰ですか？	失礼ですが、お名前を伺えますか？（お聞かせいただけますか？）
○○さんですか？	○○様でいらっしゃいますか？
すみませんが〜	恐れ入りますが〜
忙しいのに悪いけど	お忙しいところ、申し訳ございませんが
分かりましたか？	ご理解いただけましたでしょうか？

ちょっと待って！	少し、お待ちいただけますか？
どこに座る？	どちらに、お掛けになりますか？
いいですか？	よろしいでしょうか？
知っていますか？	ご存知でしょうか？
これですか？	こちらでしょうか？
何の用ですか？	どのようなご用件でしょうか？
急ぎますか？	お急ぎでしょうか？
持ってきてください	お持ちいただけますか？
（利用者に）こっちに来てください	こちらにお越しいただけますか？
どうしますか？	どうなさいますか？
調べてください	お調べいただけますか？
具合（体調）はどうですか？	お加減はいかがですか？
あっちの部屋に移動してください	あちらのお部屋に移動していただけますか？

　「言葉づかいは心づかい」です。利用者や家族に対する、あなたの気持ちが言葉に現れます。

Chapter 05 態度

あなたの気持ちは態度に現れます

　態度とは、姿勢や行動などの立ち振る舞いのことです。あなたの姿勢や行動はいつも周りから見られています。また、あなたの気持ちは自然に態度に現れ、その態度から相手はメッセージを読み取ります。日ごろの立ち振る舞いなどの何気ない行動は、仕事への意欲や熱意を表します。相手に誤解されない行動をすることが大切です。

立った姿と座った姿勢

　全ての動作の基本となるのは立った姿勢と座った姿勢です。まずはこの基本の姿勢をしっかり身に付けましょう。

立った姿勢

　立っている姿勢で、あなたの仕事に対する意欲、熱意、誠実さが伝わります。利用者に「この人なら大丈夫」と安心して介護を受けてもらえる、美しい立ち方を身に付けましょう。

「美しい立ち方」の 5 つのポイント

①背筋を伸ばす

　背筋を伸ばそうとすると、あごが出やすいので注意しましょう。

②肩の力を抜く

　肩や首に余分な力が入ると、硬い印象を与えます。

③目線はまっすぐ前方に向ける

あごが上がったり下がったりしないようにして、目線はまっすぐ前方に向けます。

④かかとはつけ、つま先は少し開く

かかとをつけて、つま先を少し開いて立つと安定します。

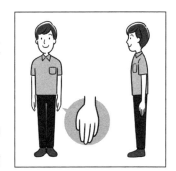

⑤手は身体の脇に下ろすか、前で組む

手は身体の脇に自然に下ろして、指は伸ばして少し丸みを持たせてそろえるか、前で組みます。このとき手の指が開いているとだらしなく見えます。親指と小指で他の指をやや締め付けるようにして形を整えます。手を組むときは、上の手の親指を下の手で軽くつかむようにすると自然な感じで組むことができます。

座った姿勢

椅子にやや浅く腰かけることで、集中力を高めることができるとともに、立ったり座ったりする動作もスムーズに行うことができます。

「美しい座り方」の６つのポイント

①背筋を伸ばす

背筋を伸ばし、肩の力を抜いてゆったりと座ります。

②やや浅めに座る

立ったり、座ったりする動作をスムーズにするためにも、椅子には、やや浅めに座りましょう。

③背もたれに寄りかからない

背もたれに寄りかかると、反り返った姿勢になり、尊大な印象を与

えるので、「えらそうだな」と思われる原因になります。

④女性は、両膝を合わせて、足をそろえて
**　腰かける**

　女性はつま先が開いていると膝が開いて
しまうので、つま先を付けて、かかとを少
し開くようにすると膝が開きません（ただ
し、職場でズボンを着用して業務をしてい
る場合は、男性と同様でも良いでしょう）。

⑤男性は、膝頭を握りこぶし 1 ～ 2 つほど空けて腰かける

　椅子に腰かけたときに膝が大きく開いている姿勢は、慎みがなく尊
大な印象を与えてしまうので注意しましょう。

⑥手は指をそろえてももの上に「八」の字に置くか、前で組む

　手はひじを張らず、すぼめず、指をそろえてももの上に「八」の字
に置くか、前で組みます。

　加えて、座るタイミングが重要な場合もあります。例えば、利用者
宅や他の施設を訪問するときは、勝手に座らず相手の勧めがあってか
ら座りましょう。また、上司と一緒に訪問したときは、上司よりも先
に座らずに上司が腰かけてから座りましょう。

オープンポジションとクローズポジション

　オープンポジション（開かれた態度）とは、相手を受け入れている
印象を与える態度です。正面を向いて、両足を開き、背筋を伸ばして、
手の平を上に向けた姿勢です。

　一方、クローズポジション（閉ざされた態度）は、相手を拒絶する

印象を与えやすい態度です。腕と足を組み、横を向いて、椅子の背も
たれに寄りかかって腰かけているような姿勢です。何気なく腕や足を
組む人がいますが、自分はその気がなくても、相手には高圧的な雰囲
気を与えてしまうので注意しましょう。

相手にマイナスの印象を与える姿勢

　相手にマイナスの印象を与える姿勢には次のようなものがありま
す。相手に誤解されないためにも、基本の姿勢を身に付けましょう。

①背筋が曲がっている

　「真剣でない」、「本気で関わろうとしない」という印象を、相手に
与えてしまいます。

②腕組みをしている

　「同等または見下している」「反発を感じている」という印象を与え
てしまいます。

③ポケットに手を入れている

　「他人ごとと感じている」「やる気がない」という印象を与えてしま
います。

④視線が定まらない、身体がゆれている

　「落ち着きがない」「自信がない」または「イライラしている」といっ
た印象を与えてしまいます。

相手を大切にしている気持ちを伝える物の渡し方

　物の扱いや渡し方で、相手を大切にしている気持ちを伝えることが
できます。気持ちが伝わる物の美しい渡し方を身につけましょう。

「物の美しい渡し方」の 5 つのポイント

①渡す物の向きは相手の正面にする

②手のひらを上にして、指をそろえる

③原則として両手で渡す

④胸元から腰の間で渡す

⑤言葉・視線・笑顔を添える

　渡す位置は、胸元から腰の間が基本です。相手がしっかり持ったことを確認した後に、自分の両手を一度に離すのではなく、片手ずつ引くようにしましょう。そのとき、自分の利き手を最後まで残すことで、相手が落としそうになった場合もしっかり持っておくことができ、物を落とさずにすみます。

　また、渡す物によっては特別な配慮が必要です。例えばペンは、相手がすぐに使えるようにキャップを取り、先を自分の方に向けて、相手の利き手に渡しましょう。ナイフやはさみは、相手が刃に触れないよう刃先を自分の方に向けて、もう一方の手を添えて渡します。

利用者のプライドを傷つけ、怒らせる「何気ない動作」

　職員の何気ない動作が利用者を傷つけたり、怒らせたりしてしまう可能性もあります。利用者を不快にさせない心配りが大切です。

利用者目線に立った行動が大切

　食事介助のときに、利用者の頭の上でビニールエプロンを広げたり、椅子に座らず、立ったままで介助をしたりしていませんか？このような行為は、利用者にとって不快に感じられます。また、送迎時に利用者の人数の確認をするとき、一本指（人差し指）で数えていませ

んか？人数を数えるときは、人差し指ではなく、5本の指をそろえて手のひらで行いましょう。職員がやりやすい方法ではなく、利用者目線に立った配慮に基づいた動作が必要です。

最近では、パソコンの画面を見ながら話し合いをするケースも増えてきていますが、このような場合も注意が必要です。パソコンを操作しながら、利用者や

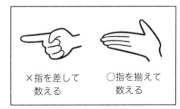

×指を差して数える　〇指を揃えて数える

家族、他の職員の話を聞く行為は、相手に「大事にされていない」という印象を与えてしまう可能性があります。また、このような行為は相手の話に集中できないので、話の内容を間違って理解してしまうことにもつながります。パソコンを操作しているときに、誰かに話しかけられたら、いったん手を止め、相手のほうを見て話を聞きましょう。

自分の癖に気をつけましょう

自分でも気づかずに、無意識に出ている癖は意外にあるものです。その癖が、相手を不快にさせることにつながるケースは多くあります。

例えば、椅子の背もたれに寄りかかり、足を組んで腰かけながら相手を見ると、どうしてもあごが上がります。そうすると相手を見る視線が上から下を見るようになり、相手を見下してい

+30度　偉そうな印象を与える。
+15度　自信を感じさせる。
基準　あごが床と平行な状態。
−15度　控えめな印象を与える。
−30度　上目づいになり疑念を抱いているように感じさせる。

るような偉そうな印象を与えてしまいます。また、手は心の動きを表します。心が乱れているときは、指先をせわしなく動かしたり、手の位置を変えたりするものです。

さらに、忙しいときでも廊下などは走らないようにしましょう。職

員が忙しそうに見えると、利用者は何か頼みごとがあっても、声をかけにくく感じます。落ち着いて見えるように、廊下は走らずに移動し、利用者に「忙しそうね！」などと気をつかわせないようにしましょう。

利用者のプライバシーを守る態度

　プライバシーとは、他人に知られたくない自分の事情や生活のことです。例えば、年収や財産、家族や人間関係などの状況、職業や学歴、病歴や身体の障害などの記録等のことです。介護現場では、様々な場面で利用者のプライバシーに接します。職員には、利用者の大切なプライバシーを守る義務があります。

　例えば、他の人に利用者や家族のプライバシーに関する話などはしてはいけません。個人情報が記載されている書類は、不必要に持ち歩かないようにし、一時的にどこかに置く場合は、他の人から見えないように、伏せて置きましょう。利用者の記録を書く場合も、誰からでも見えるテーブルで書かないなど、利用者のプライバシーを守る態度が必要です。また、入居施設の居室は利用者の住まいです。そのことを意識して、入るときは必ずノックをして一声かけてから入りましょう。

　他にも、レクリエーション中の様子を利用者や家族の許可なく写真撮影したり、SNS（ソーシャル・ネットワーキング・サービス）のサイトなどに投稿したりしてはいけません。不特定多数の人に拡散してしまう可能性があります。

クレーム対応

上手なクレーム対応でピンチをチャンスに変える

グッドマンの法則

　グッドマンの法則とは、アメリカのジョン・グッドマン氏が、苦情処理と再購入決定率の相関関係と、クチコミの波及効果をまとめたものです。内容を簡単に説明すると、次のようになります。

①お客様の苦情に速やかに対応し、その結果に満足した場合は、そのお客様はリピーターになる可能性が高い。

②苦情処理に満足したお客様は、好意的なクチコミを4人から5人に伝える。一方、不満を抱いたお客様は、非好意的なクチコミを9人から10人に伝える。

　この法則からは、上手な苦情処理は施設の良い評判となる一方で、不満を抱いた利用者や家族の非好意的なクチコミは、好意的なクチコミの2倍の影響を与えるということが分かります。近年ではSNSの普及に伴い、その影響力は増大しています。

苦情とクレームの違い

　「苦情」とは、サービスや職員に対して不満を抱き、その不満を他者に訴え改善を要求することです。一方「クレーム」とは、ケガなどの被害に遭ったことに対して、その代償や補償を要求することです。

　近年は、苦情も含めてクレームと考えられています。クレームや苦情が発生するということは、職員自身には落ち度がないと思っていても、利用者や家族が期待したサービスを受けられなかったために、不満に感じ、納得できないと思っているということです。この場合、大なり小なり、相手は怒りの感情を持っています。

　未解決の怒りは継続します。怒っている利用者や家族の感情を少しでも和らげるためにも、迅速で誠意ある対応が解決のポイントです。

　また、職員の対応に問題が無くても、利用者や家族の勘違いや思い込みが原因の場合もあります。その場合、職員は納得できないと感じても、こちらの説明不足も原因になっていると受け止めて、利用者や家族に恥をかかせないようにする心遣いも必要です。

クレームには多くの利点があります

　クレームというとマイナスイメージが強いのですが、多くの利点があります。

①利用者や家族のニーズを知ることができる

　苦情やクレームは、相手が期待どおりのサービスを受けられなかったときに発生するため、クレームを通じて、「利用者や家族が期待するサービス」すなわち利用者や家族のニーズを知ることができます。

②上手なクレーム対応で信頼関係を築く

　先ほどの「グットマンの法則」でも分かるとおり、利用者や家族が満足できる解決ができれば、利用者や家族とより強い信頼関係を築くことができます。

③職員に必要なスキルを知ることができる

　クレームの原因となったサービスや職員の対応を記録して分析することで、職員に欠けているスキルが分かります。このスキルをトレーニングすることで、次回から同じようなクレームの発生を防ぐことができます。

クレーム対応のポイント

　クレーム対応時に利用者や家族と接するときは、丁寧で誠意ある態度で対応しましょう。次の3点がポイントです。

①クレーム対応時に相手が求めること

・心のこもったおわびの言葉がほしい

・誠意のある態度で接してほしい

・要求した内容をすぐに実行してほしい

・自分の気持ちを分かってほしい

・原因や理由について説明してほしい

・施設としての今後の対応や姿勢を説明してほしい

②クレーム対応時に職員が気をつけたいこと

・他の人の目に触れない場所を用意する

・相手の話に言葉を挟まず、注意深く、真摯な態度で傾聴する

・組織の代表であるという意識を持ち、個人的な感情を挟まない

・相手の感情を受け止め、共感していることを言葉や態度で伝える

③クレーム対応時に嫌われる職員の態度

・上から目線に感じる態度や言葉づかいをする

・他人の責任にして、相手や周りの人を非難する

・相手に対して反論する

・自分を守るために言い訳をする

悪質なクレームの対応方法

　「言いがかり」や「屁理屈」といった悪質なクレームには、毅然とした態度で接し、「言った」「言わない」を避けるためにも、２人以上の職員で対応し、組織として問題解決に努めましょう。

　また、時間をおくと、相手の身勝手な作り話が増大する可能性があるので、迅速な対応が必要です。相手の感情をエスカレートさせないためにも、相手の話をよく聞き、真摯で丁寧な対応を心がけます。

　もし、不当な金銭の要求や暴力、職員に土下座等を強要された場合は、行政や弁護士などの法律の専門家、警察等と相談しながら対応しましょう。そして、悪質なクレームを受けた職員を組織で守ることが重要です。事業主は、利用者や家族からの迷惑行為により職員の就労環境が害されることのないように、次のような取組みが必要です。

　①施設内に迷惑行為を受けた際の相談先をあらかじめ設けて、全職員に周知する。

　②相談の内容や状況に応じて、被害を受けた職員のメンタルヘルス不調への相談に応じ、必要な対応をする。

　③悪質なクレームの対応マニュアルを作成し、適切な対応方法を学ぶための研修を実施する。

　このような取組みを行うことが職員を守ることに役立ちます。

上手なクレーム対応のステップ

　クレーム対応では、きちんとしたステップを踏んでいくことが大切
です。クレームを受けたときに、あわてて対応すると、問題がより深
刻になってしまいます。5つのステップを身に付けましょう。

ステップ1　たとえ自分が原因でなくとも誠実に対応する

　たとえ自分のしたことが原因ではない場合でも、クレーム対応をす
るときは、組織の代表であるという意識を持ち、個人的な感情を挟ま
ず、誠実で丁寧な対応を心がけましょう。「私は担当者ではない」「私
がしたわけではない」と伝えることは、組織に対する不信感を生みま
す。最初に対応する人の言動が、次の展開に大きく影響します。

【例】

> 食事に髪の毛が入っていた

利用者

職員

> ×それは厨房のせいです！
> ×あ〜、そうですか（他人事のような受け応え）
> 〇ご迷惑をおかけして、申し訳ございません

ステップ2　相手を不快にさせたことに限定して謝罪をする

　クレームを受けたときは、まず不快な気持ちにさせてしまったこと
に対して「限定的謝罪」をします。限定的謝罪とは、ある事柄に限定
しておわびをすることです。「申し訳ございません」を繰り返すので
はなく、相手が「不快」「不便」「不満」に感じたことに対して謝罪し
ます。相手をこれ以上怒らせないためにも、丁寧な言葉づかいや態度
で接することが重要です。その後はクレームの中身について、相手の

話をしっかり聞きます。クレームの中身を理解する前に、「全くその通りです、申し訳ございません」のような「全面的謝罪」はしないように注意しましょう。全ての責任がこちらにあると受けとられてしまいます。

【「限定的謝罪」の例】

利用者家族

> 父が施設の職員の言葉づかいや態度が悪いと怒っています

職員

> せっかく私どものサービスをご利用いただきましたのに、お父様をご不快な気持ちにさせてしまい、大変申し訳ございません

このような「限定的謝罪」をした後に、クレームの中身を尋ねます。

職員

> ところで、どのようなことがございましたでしょうか？

　限定的謝罪を表す「おわびの言葉」は、何度も繰り返し、言い慣れることが大切です。また、適度な抑揚を付けることで表情もついてきます。声に出して「おわび」の練習をしてみましょう。

【「おわびの言葉」の例】

職員

> せっかく私どものサービスをご利用いただきましたのに、
> ・ご不快な気持ちにさせてしまい、申し訳ございません
> ・ご期待に沿えることができずに、申し訳ございません

職員

私どもの説明が十分でないために、

・お手数をおかけして、申し訳ございません

・ご不便をおかけして、申し訳ございません

　しかし、悪質なクレームの対応では「申し訳ございません」を繰り返すのではなく「さようでございますか」や「○○様は、そのように思われるのですね」と伝えましょう。そして、相手の話を聞きながら、適切なタイミングで、「恐れ入ります。○○様、お話してもよろしいでしょうか」と相手が冷静になる言葉をかけます。

　また、メモや録音をする場合は、「私どもが間違って理解して、○○様にご迷惑をおかけしないために、これからの会話について、メモをさせていただいてもよろしいでしょうか？」と声をかけて、相手の許可をとりましょう。何も言わずにメモや録音をしてしまうと、相手は不快に感じ、ますます怒らせてしまいます。

ステップ3　相手の気持ちを受け止める

　クレームの中身について、口を挟まず、相手の話を最後まで聞きましょう。相手の立場や心情を受容し、共感して「何とかしたい」という気持ちを伝えることで相手は「この人なら分かってくれる」と感じ、安心することができます。

ステップ4　事実確認と要望確認

　クレームの中身について、質問をしながら、事実確認をします。「どのようなことがございましたでしょうか？」「今後、同じことが起こらないように職員を教育するために、メモをとらせていただいてもよろしいでしょうか？」などと許可を得て、メモをとりながら、５Ｗ

１Ｈ（いつ、どこで、誰が、何を、なぜ、どのように）を基本に尋ねます。相手の言葉を確認するため、復唱しながら進めます。事実確認では次の点に注意します。

事実確認の注意点

①クレーム内容の種類を把握する

・提供しているサービスについて（例：食事の味付け）

・職員の対応について（例：言葉づかい、介護技術など）

・利用者や家族の勘違いと思い込み

②クレームの具体的な内容と関係者を把握する

・事実確認をするための目撃者が存在するのか？また、目撃者は誰なのか？（目撃者の氏名を把握する）

・利用者や家族はどのような対応をされたのか？

③クレームの情報がどこまで広がっているのかを把握する

・クレームの申出人が利用者の場合、すでに誰かに相談をしているのか、誰に相談したのか？

④どのような要望があるのかを把握する

・話を聞いてほしい

・解決策を提示してほしい

・調査して事実を確認してほしい

・加害者に対応を改めてほしい　など

【「事実確認」の例】

利用者
（太田さん）

今日の10時頃、部屋に来た職員の織田さんに「トイレに行きたい」と声をかけたら、織田さんから「さっき行ったばかりでしょう」と言われ、無視されたのよ。職員に馬鹿にされて、腹がたってしかたないよ！こんなことが二度とないように、織田さんを注意してちょうだい！

職員

ご不快な思いをさせてしまい、大変申し訳ございません。今後、同じことが起こらないように教育いたしますので、メモをとりながら、お話の確認をさせていただいてもよろしいでしょうか？

いいよ

利用者
（太田さん）

職員

本日の午前10時に、職員の織田が太田様の居室に伺ったときに、太田様が「トイレに行きたい」と声をかけたら、織田が「さっき行ったばかりでしょう」と言って、無視したのですね

そうだよ、人を馬鹿にして腹が立つ

利用者
（太田さん）

職員

このことについて、他の誰かにご相談されましたか？

いいえ、誰にも言ってないよ

利用者
（太田さん）

職員

つらい思いをさせてしまい申し訳ございませんでした。職員の織田に確認して、注意をいたします。今後、同じことが起こらないよう、職員の教育を徹底いたします

ステップ 5　解決策を伝える

　話をすべて聞いた後、組織としての再発防止のための解決策を伝えます。相手の要望に沿った提示をすることで、信頼感が深まります。

　また、誰しもクレームを出した後は多少嫌悪感が残り、次からサービスを受けにくくなります。そこで、職員が相手への感謝の言葉で終わることで、次からもサービスを受けやすくなります。そうすることで、「クレームを出した利用者」から、「アドバイスをくれた利用者」に変えることができます。

　最後は感謝の言葉で終わりましょう。

職員

ご指摘ありがとうございました。今後同じことが起こらないよう、職員の教育を徹底いたします

クレームをなくす仕組みを作りましょう

　組織としてクレームをできるだけ少なくしていくためには、クレーム処理をその場限りの解決に終わらせないで、マニュアル化する仕組みを作り、職員全員で共有することが大切です。

組織でクレームをなくす仕組みを作るためには

①クレーム処理を担当する「クレーム処理責任者」を決める

　クレームの処理を担当するクレーム処理責任者を、事業所で1人以上決めましょう。クレームの処理は、始めに受けた職員が最後まで解決することがベストですが、その職員が解決できなかった場合は、クレーム処理責任者が対応します。クレーム処理責任者はリーダー以上の人を選びましょう。クレームの申出人は、前に対応した職員より上位者が出てくることで「自分が大切にされている」という満足感を持つことが多いからです。

②初期対応をする職員の心得

　始めにクレームを受けた職員は、申出人の話を聞くとき、内容について5W1Hを活用して事実確認と要望確認を正確に行い、必ずメモをとりましょう（ステップ4（P66）参照）。そのメモを整理して「クレーム処理報告書」を作成し、速やかにクレーム処理責任者に報告します。

→資料編【クレーム処理報告書の例】（P117）参照

③クレーム処理責任者の心得

　申出人に対して、クレーム処理責任者が解決まで責任を持って対応することを伝えます。また、クレーム処理責任者は、自分の氏名、役職、連絡先、解決の方法について説明します。

④クレーム処理報告書をしっかり読む

　クレーム処理担当者は対応に臨む前に、初期対応時のクレーム処理報告書をしっかり読み、解決方法を考えておきましょう。

⑤話し合いの場を設ける

　クレーム処理責任者と申出人による話し合いの場を設けます。苦情の内容を他の人に見聞きされないように、個室などで対応します。

⑥重大な内容のクレーム対応

　重大なクレームを受けるときは 2 人以上で対応します。「話を聞く人」、「記録をとる人」に分担したり、2 人で対応していれば、申出人が怒りだしたときにはお茶を出すなど、空気を和らげる対応をしたりすることもできます。

⑦認知症の利用者によるクレームの対応

　認知症の利用者によるクレームは、事実確認が困難な場合もあります。このような場合は、利用者が「自分の話を聞いてもらった」という満足感が持てるように受容的態度でしっかり傾聴します。

⑧金銭的な賠償が必要な場合の対応

　金銭的な賠償が必要な場合は、保険者（行政）や弁護士などと相談しながら解決方法を考えましょう。

⑨クレームの種類や解決方法をまとめる

　定期的にクレームの報告会を開催し、同じクレームを出さないために、種類別の解決方法のマニュアルを作成し、組織としての対応力を高めます。クレーム処理責任者が中心となって、他の責任者や組織の代表と一緒に、クレームの処理に対応する委員会を結成するのも良いでしょう。

03 日本の挨拶の作法を学ぶ

　日本の礼法には「礼三息」という言葉があります。流派によって「れいさんそく」または「れいみいき」と読みます。

　お辞儀をするときに大切なのが息づかいです。３つの息でお辞儀をすることで、ゆったりとした、美しいお辞儀をすることができます。
①上体は息を吸いながら傾ける
　息を吸うことで、正しい姿勢を保って、動作をすることができます。
②止まったところで息を吐く
　息を吐くことで「間」ができ、ゆとりのあるお辞儀ができます。
③息を吸いながら上体を元に戻す
　反動をつけて起き上がらないように、ゆっくり上体を元に戻します。

　また、「残心」という言葉もあります。「ざんしん」と読みます。この言葉は「心を最後まで残す」という意味です。お辞儀をした後、すぐに次の動作に移らず、数秒の「間」をとることで、お辞儀に深みが生まれます。

　日本の挨拶は奥が深いですね！

筆者

04 非言語コミュニケーションを大切に

　皆さんは「メラビアンの法則」をご存知ですか？

　社会心理学者、アルバート・メラビアンは「言葉」「語調」「表情」を比較して「言語メッセージと非言語メッセージとが矛盾したときに、人はどの情報を重視するか」という実験を行いました。

　実験結果では、55％の人が「表情」から得られる情報を重視すると回答し、38％の人が「語調」、7％の人が「言葉」と回答しました。

　この結果から分かるのは、言葉よりも表情や語調といった非言語コミュニケーションのほうが、より強く相手に伝わるということです。例えば、言葉で感謝の気持ちを伝えても、表情や語調が一致していなければ相手に自分の気持ちをきちんと伝えることはできません。

　また、語調は本音が出やすいところでもあります。例えば、疲れていたり、やる気がなかったりするときは、声のトーンが低くなり、急いでいるときは、早口になります。

　相手は、語調や表情を通じて皆さんの気持ちを受けとります。相手に誤解されないためにも、言葉だけでなく、表情や語調にも注意しましょう。

筆者

ケーススタディ編

~シーンで学ぶ不適切ケア、トラブル防止のための接遇~

「不適切ケア」を防ぐために

　近年、介護施設の職員による利用者への虐待が増えている要因として、コロナ禍で家族やボランティアの人が施設を訪問する機会が減少したことがあげられます。外からの目がなくなることで、利用者本位のケアから、職員のやりやすいケアである職員本位のケアになってしまい、それが「不適切ケア」につながる原因にもなっているのではないでしょうか。

　「不適切ケア」とは、虐待ではないが、適切ではないと思われるケアのことを指します。「不適切ケア」をそのままにしておくと、それが当たり前になってしまい、徐々にエスカレートして虐待になってしまう可能性があります。まず、「不適切ケア」を改めることが虐待防止につながります。そのためには、「不適切ケア」に早期に気づき対処することで、虐待の芽を防ぐことができます。

　ケーススタディ編では、東京都高齢者福祉施設協議会さまのご協力をいただき、同協議会さまが作成した不適切ケアを防ぐための「虐待の芽チェックリスト」（資料編P114参照）の中から、特に重要だと思われる項目を選んでケースにしました。そのケースを基に具体的な対応方法をお伝えし、対応時のポイントを詳しく解説しています。施設や事業所で行う研修用のテキストとして活用することも有効です。

※ケース中に登場する人物名は全て仮称です。

「あだ名で呼んで」と言う利用者、怒る家族

利用者の山田静子さんは、施設に入所して1年が経過しました。当初は緊張した様子も見られましたが、現在は施設での生活にも慣れ、職員とのコミュニケーションも良好です。

また、いつも優しく、家族のように接してくれる山田さんに対して、自分の家族のように感じている職員も多くいます。

山田さんから「いいよ、いいよ。そんな丁寧な言葉を使わなくても、名前も静子ちゃんと呼んで」と言われ、職員も親しみを込めて「静子ちゃん」と呼んで、友達言葉を使用して話しかけていました。

ある日、山田さんの長女が面会に来たので、職員の石井さんは山田さんの居室まで案内しました。居室に到着し、職員の石井さんが山田さんに「静子ちゃん、娘さんが面会に来たよ！」と伝えたところ、山田さんの長女はムッとした表情を見せ、居室に入って行きました。

職員の石井さんの対応について考えてみましょう。

NG対応

　家族のように親近感のある言葉づかいを好む利用者から、あだ名や「ちゃん」付けで呼んでほしいと言われると、職員は利用者の希望に応えたいという思いから、言われたとおりの対応をしてしまいがちです。しかし、それを見ている家族や他の利用者の気持ちを考えると、正しい対応とは言えません。

こうやって対応しよう！

　利用者の名前の呼び方は、個人の判断ではなく、組織としてのルールを決め、全職員が統一した対応をすることが必要です。例えば、同じ名字の利用者が2人以上いる場合は、下の名前に「さん」を付けて呼ぶことがありますが、そのような場合でも、利用者だけでなく、家族の了解も得ることが大切です。

　また、利用者や家族の前だけでなく、職員間で連絡をする場合でも利用者の名字の後に「様」や「さん」をつけて呼ぶようにします。ただし、アセスメント時やケアプラン等で「認知症の利用者で『○○ちゃん』と呼ぶことで、自分の名前を認識します」などの特別な指示がある場合は、指示に従った呼び方をしましょう。

もっと詳しく！
対応のポイント

　利用者の山田さんの長女はなぜムッとした表情を見せたのでしょう

か？長女の気持ちを考えてみましょう。

　例えば、「母はあなたの家族ではない」「なれなれしい職員の言葉づかいや態度を不快に感じた」「母が軽く扱われているように感じて心配になった」などが考えられます。

　また、適切な対応ができないとクレームにつながります。利用者の家族からのクレームで多いのは、職員の利用者に対する上から目線の態度やなれなれしい言葉づかいです。こうした光景に接すると、利用者の家族には「心が痛む」と言う人が多くいます。

　以前、面会に来た家族から「職員のなれなれしい態度や言葉づかいにショックを受けた」とクレームがありました。家族から見れば、利用者の孫のような若い職員が自分の親を「○○ちゃん」と下の名前で呼び、同年代の友達に話しかけるように接している様子を見て「母が軽く扱われているように感じて切なかった」という内容でした。

　実際、利用者と職員の間には、毎日の生活を通じてある程度の信頼関係ができている場合が多く、職員のなれなれしい言動を受け入れてくれることもあります。しかし、利用者の家族は施設を訪問した際の短い時間に見聞きしたことから、利用者が置かれている状況を判断します。

　また、認知症や要介護度の高い利用者は、職員への依存度も高い傾向にあるため、職員はつい利用者の親のような気持ちになり、利用者を子ども扱いしてしまうことがあります。しかし、それを見ている家族の気持ちはどのようなものでしょうか？たとえ、どのような利用者が相手でも、本人や家族に配慮した対応を心がけましょう。

利用者に「〇〇して!!」と声をかけるのは適切？

　職員の井上さんは、レクリエーションルームで立位のとれない利用者の山本さんの見守りをしていました。すると、突然山本さんが椅子から立ち上がろうとしたので、転倒の危険を感じて、その場で山本さんに向かって、「あ～、ダメダメ！立っちゃダメ！」と大きな声で叫びました。

　利用者の山本さんは、井上さんの声かけにびっくりして、立ち上がるのやめました。その結果、山本さんが1人で立ち上がって転倒するリスクを防ぐことができました。ただ、井上さんから大きな声で、命令口調で自分の行動を抑制する言葉をかけられた山本さんはムッとした表情を見せ、井上さんをにらみつけました。

　職員の井上さんの対応について考えてみましょう。

やってしまいがち…
NG対応

　職員の井上さんは、利用者の山本さんが突然立ち上がったため転倒を防ぐためにあえて大きな声と強い口調で声をかけました。しかし、山本さんは他の利用者が見ている中で、大きな声で命令されて腹が立つとともに、行動を抑制されたことで、尊厳も否定されたと感じてしまいました。

　たとえ、事故を防ぐために発した言葉であっても、利用者の行動を抑制する言葉は、精神的苦痛を与えてしまうので慎みましょう。

こうやって対応しよう！

　強い口調で命令的な言葉をかけたり威圧的な態度によって利用者の行動を抑制、禁止したりする声かけのことを「スピーチロック」と言います。スピーチロックは、利用者の人格や尊厳を否定する言動です。

　今回のケースでは、速やかに利用者の近くに移動して、「どうかなさいましたか？」と声をかけて、「立ち上がろう」とした原因を探りましょう。そして、その原因を職員間で共有して分析し、行動を予測して事前に原因を取り除く「事前予測のケア」をすることで、スピーチロックを防ぐことができます。また、利用者の情報を事前に知り、対応を考えておくことで、職員は心の余裕を持つこともできます。

もっと詳しく！
対応のポイント

　利用者の山本さんは、なぜ怒ったのでしょうか？山本さんの気持ちを考えてみましょう。

　例えば「突然大きな声で命令されてびっくりした」「自分の行動を抑制されて腹が立った」などが考えられます。

　介護現場には「3つのロック」があります。

①ドラッグロック

　薬物を過剰投与して利用者の身体をコントロールする行為

②フィジカルロック

　腰ベルトやひもなどで身体の動きを物理的に制約する行為

③スピーチロック

　威圧的な態度や命令口調で利用者の行動を抑制する行為

　もし、皆さんがこのような3つのロックをされたら、どのような気持ちになりますか？

　スピーチロックは、言葉による行動制限です。スピーチロックが行われる原因の1つに、職員が過度に負担を抱え過ぎていることがあります。単に「スピーチロックはやめるように」と指示を出しても、問題を改善することはできません。

　事業主は、このような問題が生じる理由を、問題を起こした職員の資質や能力不足と決めつけずに、現場環境を見直して人員を増やしたり、職員教育を充実させたりして、職員のストレスを軽減させる対策をするなど、組織として問題の解決に取り組む必要があります。

Scene 03 何気ないおしゃべり・・・でもその話題は大丈夫？

　利用者の佐藤さんは、同居するただ1人の家族である息子に在宅で介護を受けていましたが、息子が入院することになり、3か月前に施設に入居しました。息子以外に親戚や友人などはおらず、面会者はありません。

　ある日、佐藤さんは他の利用者と食堂で過ごしていました。そこへ他の利用者の浅田さんの家族が面会に訪れました。「いつも母がお世話になっています。よろしければ皆さんでどうぞ」と伝えて、手土産を近くにいた職員の吉岡さんに手渡した後、食堂で浅田さんと楽しそうに話し始めました。

　浅田さんの家族が帰った後、職員の吉岡さんは、佐藤さんに「浅田さんはいつもご家族が来てくれていいですね」と声をかけました。さらに続けて、「そういえば、佐藤さんのご家族は一度も面会に来ませんね、どうしてかしら？」と他の利用者にも聞こえる声で話しかけました。佐藤さんは聞こえないふりをしましたが、その後は居室に引きこもり、レクやお茶の誘いにも参加しなくなってしまいました。

　職員の吉岡さんの対応について考えてみましょう。

NG対応

　職員の吉岡さんの配慮に欠ける言動は、利用者の佐藤さんを傷つけてしまいました。佐藤さんは、息子が入院しているために面会に来ることができないという事情があるにもかかわらず、他の利用者の前で吉岡さんから配慮に欠ける言葉を言われて「誰も会いに来てくれないことを馬鹿にされた」や「家族に会えない寂しい気持ちを分かってくれない」などと感じたのではないでしょうか。

こうやって対応しよう！

　介護職員は、利用者の家庭環境、生活歴、心身状態、家族背景などの情報を把握して、利用者に配慮した適切な対応をすることが求められています。

　このケースのような場合は、利用者の浅田さんの家族に「お母様とのお話は、居室でゆっくりされてはいかがでしょうか」などと伝えて居室に案内しましょう。そして、佐藤さんの気持ちを考慮して、家族の面会についての話題は佐藤さんの前では避けましょう。

　また、利用者と家族などの面会は、食堂のような共有スペースではなく、利用者のプライバシーが守られる居室や会議室・面会室に限定するようにします。他の利用者や家族に聞こえる場所で、特定の利用者の話題は、職員同士でも取り上げないようにしましょう。

もっと詳しく！
対応のポイント

　今回のケースで、佐藤さんの家族背景や入居情報については、入居時にリーダーと担当職員が書類を作成して、全職員に確認するように伝えていました。しかし、その情報が職員間できちんと共有されておらず、吉岡さんも書類をしっかり確認していませんでした。

　こうした職員の利用者への配慮に欠ける言動は、利用者を傷つけて、エスカレートすると心理的虐待につながる可能性もあります。このような行為を防ぐためには、職員間で利用者の情報をきちんと共有し、対応方法の統一を図ることが必要です。そのためには、管理者やリーダーが中心となり、職員同士の情報共有や意見交換ができる場を定期的に設けるなどの対策が求められます。

利用者に「ちょっと待って」を多用
していませんか？

　職員の西田さんは、歩行に見守りが必要な利用者の田中さんを食堂に案内していました。すると、他の利用者の鈴木さんから、「西田さん、来てもらえる？」と声をかけられました。西田さんは、田中さんから目を離すことができないため、鈴木さんに「ちょっと待って」と伝え、田中さんの歩行の見守りを続けました。

　７分後、田中さんの見守りを終えた職員の西田さんが、急いで鈴木さんのところに戻ると、「いつまで待たせるの！」と大変怒っています。

　西田さんは、「すみません。歩行が不安定な方の見守りがあったので、遅くなって申し訳ございません」と謝りましたが、利用者の鈴木さんの怒りは収まりません。

　職員の西田さんの対応について考えてみましょう。

やってしまいがち…
NG対応

　職員の西田さんは、利用者の見守りをしていて手が離せません。そんなとき、他の利用者の鈴木さんから「西田さん、来てもらえる？」と声をかけられても、すぐに対応できないので、つい「ちょっと待って」と伝えて、鈴木さんを待たせてしまいました。

こうやって対応しよう！

　今回のケースのような場合は、曖昧な返事をしないことが重要です。鈴木さんの近くでいったん立ち止まり、自分に声をかけた理由を尋ねて、もし緊急性がある場合は、他の職員を探して依頼しましょう。待ってもらえる状況であれば、「ただ今歩行が不安定な方の見守りをしているので、○分間待っていただけますか？」と理由と待たせる時間を具体的に伝え、約束した時間を守ることが大切です。また、一人で抱えず、他の職員と協力をして「待たされている鈴木さん」を不安や不快に感じさせない対応をしましょう。

もっと詳しく！
対応のポイント

　鈴木さんは、なぜ怒ったのでしょうか？鈴木さんの気持ちを考えてみましょう。

　例えば、「理由も聞かずに『待て』と言われた」「自分のことを後回しにされた」「『少し』だけ待てばいいと思っていた」などが考えられ

ます。

　人によって時間の感じ方は異なります。あなたにとって「ちょっと」とは、どのくらいの時間ですか？例えば、「相手を待たせているとき」と「自分が待たされているとき」ではどのように感じるでしょうか。

　「ちょっと」とは、ほんのわずかなことを指すので、一般的には２〜３分程度、長くても５分以内です。そして、「相手を待たせているとき」は短く、「自分が待たされているとき」は長く感じるものです。

　また、「待つ人の体調」や「待っている環境」、「待たされている理由」によっても、時間の感じ方は異なります。職員は何気なく「ちょっと待って」と言ったとしても、待たされる利用者は不快に感じることがあります。時間の感じ方は人それぞれ異なるので、利用者の置かれた状況を見て、具体的な数字で時間を示すことが大切です。

Scene 05　利用者の身の回りの道具の取り扱い

　利用者の本田さんは、軽い認知症があり、就寝時間が近づくと、寂しさや不安からナースコールを頻繁に押して、職員を居室まで呼び寄せます。その時間帯は職員の数も少ないため、本田さんがナースコールを何度も押して職員を呼ぶことが、他の業務への支障にもなっています。

　本田さんを担当する職員の山崎さんは、本田さんが、人手が足りない時間に大した用でもないのにナースコールを頻繁に押すので困ってしまい、ナースコールの位置を本田さんの手が届かないところに移動してしまいました。

　山崎さんは、自分が時間の余裕があるときに本田さんの居室を訪問して、定期的に様子を確認しているので問題はないと考えています。

　職員の山崎さんの対応について考えてみましょう。

やってしまいがち…

NG対応

　夜勤などの人手が足りない時間帯に利用者からナースコールを頻繁に鳴らされると、職員は余裕がないために、ナースコールが鳴っても積極的に対応しなくなったり、後まわしにしたりしてしまうことがあります。また、特に大した用でもないのにナースコールを頻繁に押す利用者に対して、職員はイライラして、言葉づかいや動作が乱暴になってしまうこともあります。今回のケースのように、ナースコールを利用者が押せない場所に移動したり隠したりして、ナースコールを簡単に使用できなくしてしまう職員もいるのではないでしょうか。このような行為は、虐待である介護放棄（ネグレクト）につながります。そして、利用者の職員に対する不信感や不安感を生み、信頼関係を壊してしまいます。

こうやって対応しよう！

　頻繁にナースコールを押してしまう利用者には、何らかの不安や職員に対して依頼したいことがあるなど、本人なりの理由があります。その理由をきちんと理解して対応することで、ナースコールを押す回数を減らすことができます。たとえ、職員が緊急性のない理由だと思ったとしても、ナースコールを利用者が押せない位置に移動する行為は虐待になってしまいます。

　このケースのように、利用者の本田さんが頻繁にナースコールを押してしまう理由や時間帯が分かっている場合は、職員間で情報を共有

して、本田さんが不安になりがちな時間の前に、職員が本田さんの居室を訪問して、「何かお困りのことはありせんか」などの声かけをして、本田さんの不安な気持ちを和らげるための対応をしてみましょう。

　業務に追われ忙しい時間であっても、職員が利用者の訴えの内容をしっかり聞いて、利用者が納得して安心することができる対応を行うことが大切です。中途半端な対応では、利用者にとっては問題解決にならないため、ナースコールを頻繁に押す行為を止めることにはつながりません。

もっと詳しく！
対応のポイント

　先述のとおり、利用者がナースコールを押せない場所に置いたり、隠したり、呼び出しを無視したりする行為は、虐待になってしまいます。虐待とは、利用者の人権を侵害する行為です。暴力的なものだけでなく、無視する、世話をしないなど、利用者の意思を無視する行為の全てを指します。

　また、このような行為は、利用者の職員に対する不信感や不安感につながり、信頼関係を壊してしまいます。その結果、利用者への介護がスムーズにできなくなってしまう原因にもなります。ナースコールは「利用者の命綱」です。面倒がらずに、職員は利用者の不安や不満を取り除くために真摯で丁寧な対応をすることが求められます。

　しかし、１人で何度も同じ利用者のナースコールの対応をするのは、職員にとっても大きな負担です。可能であれば他の職員が代わって対応するなどの対策をすることで、担当職員がストレスを抱え込ん

で、不適切ケアや虐待をしてしまうことを防ぐこともできます。

　また、ナースコールに限らず、利用者が生活するために必要な日用品の管理をすることは職員の大切な業務です。

　例えば、高齢になるとどうしても耳が聞こえにくくなるので、補聴器をつけている利用者は多くいます。補聴器をつけることにより、今まで聞こえなかった音が聞こえるようになり、周りの人とのコミュニケーションもとりやすくなります。ただ、補聴器の取り扱いには注意が必要です。例えば、入浴時は必ず外して水がかからないようにする、長時間つけるのは良くないので就寝時は外すなどです。利用者が自分で管理することが難しい場合は、職員が適切に管理するなどのサポートをしましょう。

　以前、自分の若い頃のお話をするのが好きな利用者と会話をしたとき、こんなことがありました。

　いつもなら話がはずみ楽しい会話ができるのですが、その日はいろいろ話しかけても返事はなく、微笑むだけです。私が「どうかなさいましたか？」と耳元で声をかけると、「補聴器の電池が切れてしまい外しているので、よく聞こえない」という返事が返ってきました。担当の職員に利用者の補聴器について尋ねると、「そういえば、電池交換のために預かったまま忘れてしまった」とのことでした。

　利用者にとって、眼鏡・義歯・補聴器などは、快適な生活を送るために欠かせない品です。職員がしっかり管理して、いつも使える状態にしておくことが、利用者のQOLを上げることにつながります。

Scene
06 利用者の言動を馬鹿にする職員

　利用者の大島さんは、軽い認知症があり、同じことを何度も繰り返して言ってしまうことがあります。

　ある日、大島さんは、居室に様子を見に来た職員の斉藤さんに「お茶を持ってきて」と声をかけました。斉藤さんは不機嫌な様子で「お茶ならさっき飲んだでしょ！後で持ってきてあげるから、少し待って」と伝えました。

　大島さんは、待っていてもお茶を持ってきてくれないので、ステーションに様子を見に行くと、斉藤さんが同僚とおしゃべりをしながら「大島さんたら、さっきお茶を飲んだのに、またお茶を持ってきてだって。同じことを何度も言って、嫌になっちゃう！」と大島さんの悪口を言いながら笑っていました。

　その様子を見た大島さんは、職員に馬鹿にされたことで、悔しくて、悲しくて、怒りがおさまりません。このようなことがあってから、大島さんは斉藤さんに対して拒否反応を示すようになってしまいました。

　職員の斉藤さんの対応について考えてみましょう。

NG対応

　職員の斉藤さんは、利用者の大島さんから何度も同じことを依頼されて、イライラして「後で持ってきてあげるから、少し待って」と伝えました。しかし斉藤さんは結果として、大島さんの依頼を無視して、ステーションで他の職員と大島さんの悪口を言って、笑っていました。

　このような不誠実な対応は、大島さんの内心に斉藤さんから「無視された」とか「ないがしろにされた」「馬鹿にされた」という感情を生み、その感情がいつまでも残ってしまい、拒否反応につながってしまいました。

こうやって対応しよう！

　同じ話や質問を繰り返すのは認知症の特徴的な初期症状です。

　今回のケースのように、認知症の利用者から、同じことを何度も依頼された場合は「お茶が飲みたいのですね、のどが渇きましたか？」などと伝えて、なぜそうしてほしいのかという理由を聞いて、利用者が納得できる対応を心がけましょう。利用者の言動を無視したり、制限したりするのではなく、利用者の要望に耳を傾け、気持ちを理解したいと思っている姿勢を見せることが重要です。

もっと詳しく！
対応のポイント

　認知症の利用者に限らず、介護を受けている高齢者は、簡単なこと

も人に頼らなければならない情けなさや、周りに迷惑をかけてしまっているという気持ち、自分の思うように身体を動かせないという悲しみから、自分に自信を失い、マイナスの感情に捕らわれがちです。このような状態で、職員から馬鹿にしたような態度をされることは、耐え難い屈辱であり、利用者の心を深く傷つけ、不安や不快な気持ちを抱かせてしまいます。このような気持ちは、利用者のその職員に対する拒否反応につながる可能性もあります。

　また、利用者本人だけでなく利用者の家族についても同様です。例えば、「利用者の○○さんの娘さんは、いつも文句ばかり言って嫌な人！」などの悪口や「利用者の○○さんのところに面会に来るのは、いつも息子さんだけだけど、お嫁さんと仲が悪いみたいよ」といった家族のプライバシーに関する話題を職員同士で話すことは慎みましょう。特に、家族と離れて暮らす利用者は、家族と会えない寂しさを抱えて暮らしています。そのようなとき、職員が自分の家族の悪口を言っていることを知ったらどのような気持ちになるでしょうか？

　実際の事例として、以前ステーションで職員が利用者の家族の悪口を言っていた際に、近くにいた他の利用者が聞いてしまい、家族の悪口を言われていた利用者に伝えて、それが利用者から家族に伝わってクレームになったこともありました。ステーション等での職員同士の会話は、周りの人に聞こえていると、思わぬトラブルにつながってしまうので注意しましょう。

プライバシーへの配慮に欠けたケアをしていませんか？

　利用者の岩崎さんは、下半身に麻痺があり、排せつを自分1人で行うことが困難なために紙おむつを使用していて、排せつ介助が必要です。

　ある日、岩崎さんは、朝食後に数人の利用者と食堂でお茶を飲みながら過ごしていました。そこへ職員の松本さんが来て、岩崎さん対して「岩崎さん、おしっこ、出た？」「そろそろ、おむつ交換しようか？」と周りにいる他の利用者にも聞こえるような声で話しかけました。

　岩崎さんは、周りに利用者がいる中で、大きな声でおむつ交換について声をかけられたので、恥ずかしい気持ちでいっぱいになり、黙って下を向いてしまいました。

　職員の松本さんの対応について考えてみましょう。

NG対応

利用者に声かけをするとき、思いついた言葉をストレートに口に出して伝えていませんか？

職員の松本さんのように、利用者のおむつ交換をしたいとき、周りの利用者にも聞こえるような大きな声で「おしっこ、出た？」とか「そろそろ、おむつ交換しようか？」などと伝えていませんか？

周りに他の利用者がいる中で、大きな声でおむつ交換について声をかけられた利用者の岩崎さんは恥ずかしい気持ちでいっぱいになりました。このように、利用者に声かけをするときは、その言葉を利用者に伝えたとき、相手がどのような気持ちになるかを考えて、相手が受け入れやすい言葉を選んで伝えましょう。

こうやって対応しよう！

松本さんによる岩崎さんへのプライバシーの配慮に欠ける言動は、岩崎さんを傷つけてしまいました。排せつは、人が生きていくうえで欠かせない行為です。同時に、他人に見られたくない行為でもあります。排せつ介助をするときは、利用者の「恥ずかしい」や「情けない」という気持ちを理解して、利用者のプライバシーに配慮した対応や環境を整えることが大切です。

排せつ介助の際の声かけは、利用者を傷つけたり、不快にさせないような態度や言葉を選んで声をかけましょう。今回のケースのように、周りに利用者がいる中で、大きな声で排せつ介助の声かけをして

しまうと、利用者は恥ずかしくて情けない思いをしてしまいます。利用者に声かけするときは、利用者の近くに移動して、少し屈んで、周りに聞こえない適切な声の大きさで「トイレにご案内しましょうか？」や「一度お部屋に戻りましょうか？」などの声かけをして、トイレや居室に移動して排せつ介助を行いましょう。

　また、声かけをするときに、笑顔で接することで、利用者も受け入れやすくなり、安心感を与えることもできます。

もっと詳しく！
対応のポイント

　排せつ介助をするときは、利用者の尊厳を守るために、トイレや居室のドア、カーテンを閉めて、音や臭いが、周りに伝わらないように注意しましょう。

　排せつ介助中は利用者のプライバシーを守るために、肌が必要以上に露出しないよう、タオルを活用するなどの心配りも大切です。

　また、排せつ介助が必要ではない利用者に対しても、周りの人に聞こえるような大きな声で、「○○さん、便出た？これで何回目？」とか「○○さん、おしっこちゃんと出てる？」など、排せつに関する内容を大きな声で尋ねるのもプライバシー違反です。

　また、職員が排せつ介助をするときは、感染症を予防するため、手袋を装着します。しかし、この手袋をはめるときにも、利用者への心配りが必要です。

　以前、職員が排せつ介助をするときに、利用者の目の前で手袋をはめている様子を見て、利用者から「わしの身体って、そんなに不潔か

ね？手袋しないと、触れないかい？」と言われました。職員は「いいえ、これは感染症を予防するための規則でして、決してそのようなことはありません」と伝えましたが、利用者は不快そうな表情をしていました。

　職員にとっては、当たり前のことでも、利用者の尊厳を傷つけてしまう場合があります。排せつ介助時に、職員が手袋を使用することは、衛生管理上、必要です。しかし、利用者の目の前で装着するのは避け、利用者の目に触れない場所や方法を工夫しましょう。利用者の気持ちを理解し、利用者を傷つけたり、不快にさせない方法を考えて対応することが大切です。

08 問題を感じる先輩職員のケア

　職員の市川さんは施設で働き始めて3か月になります。仕事にも慣れ、利用者とのコミュニケーションもとれるようになりました。施設の利用者は、80代、90代の人がほとんどで、市川さんにとっては祖父母のような年代なので、人生の先輩である利用者に敬意を伝えるために、利用者とは丁寧な言葉や態度で接しています。

　ある日、先輩職員の太田さんから「そんなに丁寧に接していると、距離が縮まらないよ！もっとくだけた言葉や態度で接しなさい」と注意されました。太田さんは、利用者をあだ名や「ちゃん」付けで呼んだり、なれなれしい言葉や態度で接することで、利用者との心の距離を縮めることができると考え、それを実行しています。

　太田さんはベテランで、若い職員が言いたいことも言えない存在です。そのため多くの職員は、太田さんの対応について、見て見ぬふりをしたり、従ったりしています。しかし市川さんは、太田さんの利用者対応が正しい対応だとは思えません。

　市川さんは、先輩の太田さんにどのように対応したら良いと思いますか？

やってしまいがち…
NG対応

　新人職員の市川さんは先輩職員の太田さんから注意をされたので、2人で話し合って解決したいと思い、率直に太田さんの利用者対応が正しいとは思えないこと伝えました。ところが太田さんは、市川さんの意見を素直に受け入れることができず、市川さんに対して「生意気な新人だ」というような感情的な理由でトラブルになってしまいました。

　太田さんのようなベテラン職員は、自分の利用者対応に自信を持っている人が多く、経験の浅い新人から意見を言われても素直に受け入れることができないことが多いので、このような場合は伝え方に工夫が必要です。

こうやって対応しよう！

　今回のケースでは、身近な上司であるリーダーなどに相談してみるのが最善です。そして、相談をされたリーダーは組織全体で改善に取り組むことが必要な内容であれば、施設長に報告して、組織として問題解決をすることを提案しましょう。

　このケースでは、その後、施設長が報告の内容を重視して、職員会議を開催し、利用者対応について話し合いをする機会を作りました。話し合いをした結果、職員から「利用者を敬い、利用者のプライドを傷つけないためにも、利用者に対しては丁寧な言葉や態度で接することが重要」という意見が多く出ました。そして、今後は施設内に接遇

委員会を設立して利用者対応の規約を作成し、職員はその規約に沿った対応をすることが決まりました。

　太田さんは、職員会議を通じて、多くの職員が自分の利用者対応に不満を持っていたことを知り、自分の対応について問題があったことを反省して、改善が見られるようになりました。

　また、職員会議というオープンな場で、職員全体で解決策を話し合ったことにより、市川さんと太田さんのトラブルも解決することができました。

もっと詳しく！
対応のポイント

　今回のケースで登場した施設では、若い職員とベテラン職員との間で交流が少ないこともあり、職員同士の関係が良好でありませんでした。そのため、ベテランの職員がチームを仕切り、若手の職員が言いたいことを言えない環境ができてしまっていました。ベテラン職員の不適切な行為を知りながら、周囲の職員がこれを止めることができなかったのも、こうした職員間の関係の悪さが原因にもなっています。

　職場での人間関係の悪さは、職員のストレスとなります。そして、職員間の関係の悪さや連携不足は、個々の職員の感情的な問題だけでなく、このケースのように結果的に利用者への不適切ケアにつながる可能性があります。

　もし、他の職員が行っているサービス提供やケアの方法に問題があると感じても、自分だけでは問題を解決できない場合は、１人で悩んだり、見て見ぬふりをしたりするのではなく、身近な上司に相談し

ましょう。業務に関する不安や悩みを上司に相談することは、「告げ口」や「悪口」ではありません。より良い施設を作るために必要な行為です。勇気をもって相談しましょう。

　そして、相談されたリーダーや主任は、組織全体で改善が必要な場合は施設長や管理者に報告します。施設長や管理者は、不適切ケアが行われていると確認した場合は、組織としての理念や行動指針を明確化して、研修の実施などを通じて教育を行ったり、職員会議などを開催したりして、職員同士が意見交換を行える場を提供し、組織全体で改善できる体制を作ることが大切です。

　また、問題を起こした職員に対しても、一方的に注意するのではなく、不適切ケアをしてしまった理由をよく聞いて、相手のプライドを傷つけない言葉で、改善方法を伝えるなどのサポートも重要です。例えば、「利用者への言葉づかいが悪いので直してください」と言うのではなく、「さっきの○○さんへの言葉づかいですが、○○のように伝えると利用者を傷つけないですみますよ」のように具体的に伝えることで、相手の理解が進み、受け入れやすくなります。

09 悪質なクレームの対応方法

　職員の大野さんは訪問介護のヘルパーをしています。週に２回訪問している利用者の谷本さんの家族からの言動に悩んでいます。

　谷本さんは、息子と２人で一軒家に住んでいます。谷本さんはいつもニコニコしていて優しいのですが、谷本さんの息子の賢司さんからは「洗濯物の干し方が悪い」や「掃除の仕方が気に入らない」というような理由で何度もどなられて、大野さんは精神的に傷つき、ストレスを抱えています。

　先日、大野さんは賢司さんから、「前回大野さんが訪問介護で洗濯をした後、洗濯機を使用しようとしたら洗濯機が動かなくなっていたので、新しい洗濯機を買って弁償しろ」と言われました。大野さんは、「自分が使用したときには、支障なく動いていたので、もう一度故障の原因を調べていただけますか？」と賢司さんに伝えましたが、大きな声で「おまえが洗濯機を壊したので、弁償しろ！」とどなられました。大野さんは、賢司さんが怖くて反論もできません。

　大野さんはどのように対応したら良いと思いますか？

やってしまいがち…

NG対応

　利用者の家族から、サービス内容について、「言いがかり」や「屁理屈」で苦情を言われても、職員は自分のサービス提供の仕方に問題があり、自分の責任だと考え、1人で抱え込んでしまう人が多いのではないでしょうか。

　誰にも相談できずに、1人で悩んでストレスをため込んで、精神的に疲れてしまい、これ以上仕事を続けるのは無理と判断して、退職を決めた時点で上司に報告する人もいます。上司はそのときになって初めて職員が抱えていた悩みを知り、愕然とすることがあります。このようなケースでは、理不尽な理由で恫喝されたり、嫌がらせをされた時点で、1人で抱え込まずに上司に相談しましょう。悪質なクレームには組織での対応が必要です。

こうやって対応しよう！

　このケースのように利用者の家族から悪質なクレームを受けた場合、「事業所に戻って上司と相談してお返事をさせていただきますので、少しお時間をいただけると幸いです」などと伝えて、事業所に戻って、すぐに上司に相談しましょう。相談を受けた上司は、被害を受けた職員が1人で対応しないですむように、組織として対応するので安心するように伝えましょう。そして、悪質なクレームを受けた職員を組織で守ることが重要です。

　「言いがかり」や「屁理屈」な理由による悪質なクレームには、毅

然とした態度で対応し、「言った」「言わない」を避けるためにも、2人以上の職員で対応し、組織として問題解決をすることが重要です。

　もし、このケースのように不当な金品を要求された場合は、行政や保険会社、弁護士などの法律の専門家、警察等と相談しながら対応しましょう。

もっと詳しく！
対応のポイント

　顧客などが、逆らえない立場の従業員に対して、自分の優位性を基に悪質な要求や理不尽な言いがかりをつける行為を「カスタマーハラスメント」と言います。

　介護現場の利用者や家族による、職員に対する悪質ないじめや理不尽な言いがかりもカスタマーハラスメントだと考えられます。これは、サービスや接客態度の向上や品質の改善などを目的とした通常の「クレーム」とは異なります。

　通常のクレームは、正しく対処すれば、利用者や家族のニーズを知ることができ、利用者や家族とより強い信頼関係を築くことができます。そして、職員に欠けているスキルも分かります。また、利用者や家族の不満を解消することもできます。いわば、利用者や家族と事業者の両方に利点があります。

　一方、カスタマーハラスメントは、職員に過度な精神的ストレスを感じさせて、通常の業務に支障が出るなど事業所に多大な損失を与えます。そして、利用者や家族の要求を通せば通すほど、エスカレート

して悪化する可能性もあります。

　事業者には「安全配慮義務」という、業務上でのケガや病気、危険業務などについて従業員の安全に配慮しなければならない義務があります。例えば、カスタマーハラスメントによって重度のストレスを抱えた従業員に対して、事業者が何も改善や対策を行わなかった場合、事業者は安全配慮義務違反と見なされ、従業員は損害賠償請求を行うことができます。経営者は、従業員がカスタマーハラスメントによって苦しんでいないか、日ごろから注意しておく必要があります。

　事業者は利用者や家族からの迷惑行為により、事業所の職員が身体的または精神的に苦痛を与えられ、働く環境が不快なものとなり、職員の能力の発揮に悪影響が生じることのないように、次のような取組みをすることが必要です。

　①事業所内に迷惑行為を受けた職員の相談先（上司や担当者）をあらかじめ定めて、これを全職員に周知する。

　②相談の内容や状況に応じて、被害を受けた職員のメンタルヘルス不調への相談対応や、迷惑行為を行った者に対する対応が必要な場合には１人で対応させない。

　③悪質なクレームに関する対応マニュアルを作成し、適切な対応方法を学ぶための研修を実施する。

　このような取組みを行うことが、被害を受けた職員を守ることに役立ちます。

05 「不適切ケア」を防ぐ リーダーの育て方

　本書で書かれている「不適切ケア」の事例を見ると、介護経験者はいずれも「あるある」と感じるでしょう。同時に、「自分も似たようなことをしたかも」とヒヤヒヤしているのではないでしょうか。

　私は、不適切なケアが行われていない施設には、優秀なリーダーの存在があると思います。理事長や施設長ではなく、現場に近い役職のリーダーです。つまり、「不適切ケア」を防止するためには、介護リーダーなどのポジションにいる職員の育成が不可欠なのです。

　では、優秀なリーダーとは、どんな人でしょうか。約束を必ず守る、ミスを責任転嫁しない、間違いや非があれば正直に認める、面倒なことを後回しにしない、説得力がある…などがあります。その中でも私は、上手に指導するだけではなく、なぜ必要なのか、なぜしてはいけないのかを「気づかせる」指導ができること、これが、優秀なリーダーの重要な資質であると思います。有名な山本五十六（昔の日本海軍の連合艦隊司令長官）の言葉、「やってみせ、言って聞かせて、させてみせ、誉めてやらねば、人は動かじ」では足りないのかもしれません。自らの姿勢や方法を、見せて伝えて覚えさせるだけではなく、動機を与える指導が必要だと思います。気づきと納得感を上げ、結果に対する達成感を味わうことで、職員は「自分で考えて行動する」という習慣が身に付くのです。そして、行動を評価し、誉めることで「自己重

要感」を与えることが大事です。命令された仕事より、自ら取り組むと決めた仕事のほうが、頑張れるでしょう。自己重要感を得た職員は、自律的に動いてくれるようになります。

　職員の育成の道は険しいですが、優秀なリーダーは優秀なリーダーを育成してくれますから努力を惜しまないことです。その結果、「適切なケア」が施設内に浸透していくのです。

　昭和生まれのおじさんである私は、率先垂範して仕事に取り組み、リーダー候補の職員に「気づかせる」よう努めています。少ないセリフで、演じすぎることなく、背中で語る高倉健さんみたいになれるよう夢見ているからです。職員が信じるか信じないかは、上司であるあなたの背中次第です。そのうえで「不適切ケア」の防止のため、具体的な指導に取り組む際は、本書を活用して適切な対応方法を学ぶことが、一番の近道になるでしょう。

　　　　　社会福祉法人三交会　青葉台さくら苑　施設長　坂井祐

06 新型コロナウイルスの流行で 変わった介護現場の接遇

　新型コロナウイルス感染症の流行により、介護現場での接遇も変わりました。本来であれば、介護職員は温かい表情や態度、丁寧な声かけなどを大切にして、利用者とスキンシップを図りながらコミュニケーションを深めていきます。しかし、新型コロナウイルス感染症の流行により、感染予防策として防護用のマスクや手袋、ガウン等の着用をすることが必要となったため、コロナ禍以前とは異なった利用者への接し方が求められました。

　特に食事介助をするときは、感染予防のためにマスクの着用のみでなく、手袋や食事介助用のエプロンの着用なども必要で、利用者との会話もひかえなくてはならないため、アイコンタクトやジェスチャーを活用して、利用者に分かりやすいコミュニケーション方法を工夫する必要もあります。

　また、コロナ禍の介護現場では、人と人との距離の確保も求められていました。例えば、入居施設では、外部からの訪問者の制限などで、以前のように家族が利用者に面会できる機会がかなり限られてしまいました。他にも、食事をするときには利用者と利用者の距離を空けて、会話を控える「黙食」を推奨する必要があるため、利用者は食事中に他の利用者との楽しい会話をする時間を持つことができませんでした。

このような状況下で、利用者の中には欲求不満がたまっている人も多くいます。だからこそ、職員には利用者に対して、今まで以上に声かけをしたり、ゆっくり話を聞いたりする時間を持つなど、より丁寧な応対が求められます。

　さらに、職員は重症化するリスクの高い高齢者の介護をするために、私生活でも制限を求められています。友人や家族との楽しい会食や職場での交流の場を兼ねた「飲み会」などの自粛を強いられて、ストレスを感じている職員も多いことでしょう。職員同士のスムーズな連携を保つためにも、今まで以上に職員同士の相手を思いやる心づかいが大切になっています。

　コロナ禍で利用者や職員が欲求不満やストレスを抱えることなく、利用者に満足してもらえる介護サービスの提供をするためには、利用者や一緒に働く同僚への敬いの気持ちや優しさ、心づかいである「接遇」と、相手を不快にさせないための言葉づかいや立ち振る舞いである「マナー」が一層求められています。

　新型コロナウイルスの流行は、介護現場における「接遇」や「マナー」の重要性を再確認する機会となったのではないでしょうか。

筆者

資料編

虐待の芽チェックリスト

　不適切ケアを防ぐための「虐待の芽チェックリスト」をご紹介します（東京都高齢者福祉施設協議会作成）。

　チェック項目を確認して、自分や施設・事業所の振り返りの参考にしてください。

番号	チェック項目	している	していない	見たこと・聞いたことがある	無回答
1	利用者に友達感覚で接したり、子ども扱いしていませんか？				
2	利用者に対して、アセスメント・施設サービス計画書に基づかず、あだ名や○○ちゃん呼び、呼び捨などしていませんか？				
3	利用者に対して、威圧的な態度、命令口調（「○○して」「ダメ！」など）で接していませんか？				
4	利用者への声かけなしに、居室に入ったり、勝手に私物を触ったりしていませんか？				
5	利用者へのプライバシーに配慮せず、職員同士で話題にしていたり個人情報を取り扱ったりしていませんか？				
6	利用者に対して「ちょっと待って」を乱用し、長時間待たせていませんか？				
7	利用者に必要な日用品（眼鏡、義歯、補聴器など）や道具（コールボタンなど）が壊れていたり、使えなかったりしていませんか？				
8	利用者の呼びかけやコールを無視したり、意見や訴えに否定的な態度をとったりしていませんか？				
9	食事や入浴介助の無理強いなど、利用者に嫌悪感を抱かせるような支援を強要していませんか？				
10	利用者の身体で遊んだり、人格を無視した関わり（落書きをする、くすぐるなど）をしたりしていませんか？				
11	利用者や利用者の家族の言動をあざ笑ったり、悪口を言ったりしていませんか？				
12	プライバシーへの配慮に欠けたケア（排せつについて大声で話す、カーテンを開けたまま排泄ケアをするなど）をしていませんか？				
13	利用者に対して乱暴で雑な介助や、いい加減な態度・受け答えをしていませんか？				
14	他の職員に仕事に関わる相談ができない等、職場でのコミュニケーションがとりにくくなっていませんか？				
15	他の職員が行っているサービス提供・ケアに問題があると感じることがありませんか？				

身だしなみチェックリスト

　介護現場での基本的な身だしなみのチェックポイントを表にまとめました。あなたはいくつ〇が付きますか？

	項目	〇×
髪	清潔か、手入れできているか	
	フケや臭いはないか（整髪料の匂いは強すぎないか）	
	前髪が目にかかっていないか	
	肩にかかる長い髪は１つに束ねているか（肩に付く場合は結い上げる）	
	ヘアカラーは、不自然な色を避けているか	
服	決まったユニホームを着用しているか	
	自分のサイズに合ったものを着用しているか	
	汚れていないか、シミ・シワ・破れはないか	
	名札を適切な位置に付けているか	
	ポケットに物を入れすぎていないか	
顔	鼻毛やヒゲが伸びていないか	
	耳・鼻・口は清潔か、口臭はないか	
	控えめで自然な化粧を心がけているか	
足	靴は汚れていないか、傷みはないか	
	上履きのかかとを踏んでいないか	
	靴下は破れていないか、派手すぎないか	
手	手は汚れていないか	
	爪は清潔か、きちんと短く切ってあるか	
	アクセサリー（指輪など）や腕時計は、介護業務時間中は外しているか	
香り	匂いの強い香水や整髪料の使用は避けているか 制服はたばこの臭いに注意して洗濯されたものを着用しているか	

作成：筆者

自分の癖チェックリスト

相手を不快させてしまうような自分の癖についてチェックしてみましょう。

チェック項目	〇×
① あごを上げて話をしていませんか。	
② 下や横を向いて話をしていませんか。	
③ 腕組みをして、相手を見ていませんか。	
④ 椅子に腰かけた時、足を組んでいませんか。	
⑤ 椅子に腰かけた時、背もたれに寄りかかっていませんか。	
⑥ 椅子に腰かけた時、膝が大きく開いていませんか。	
⑦ 物を渡す時、片手で渡していませんか。	
⑧ 話を聞く時、指先や手を動かしていませんか。	
⑨ 話を聞く時、髪をかきあげたり、髪をいじっていませんか。	
⑩ 廊下を走っていませんか。	

作成：筆者

クレーム処理報告書の例

クレーム処理報告書	
受付日時	○○○○年7月20日　　午前9時30分頃
クレームの申出者	氏名：大島幸子／長女　　利用者名：大島良子
	連絡先：〒000-0000　○○県　○○市　○○町○○ 電話番号：△△－△△△△－△△△△ メールアドレス：□□□□□jp.com
クレームの内容	事実確認事項： 大島幸子様より次のような電話を受けました。 昨日（7月19日）施設を訪問したとき、お母様から職員の斉藤美恵がお母様の依頼を無視したり、馬鹿にしたような態度や言葉づかいで対応するので腹が立つし、不安も感じるので施設から家に帰りたいと言われた。このようなことがないように改善してほしい。 要望確認事項： 介護職員の斉藤美恵に、母に対して礼儀正しい言葉づかいや態度で接するように指導してほしい。 解決策の提示内容： ご不快な気持ちにさせてしまったことを謝罪して、本日午後5時までに責任者の加藤からご連絡を差し上げますと伝えました。既にクレームの内容をクレーム処理責任者の加藤悦子に伝えてあります。
報告者	氏名：田中義男　　所属：○○施設　介護職員
報告日時	○○○○年7月20日　　午後2時
対応の進捗	2回目：7月20日午前10時／加藤悦子（クレーム処理責任者） 電話の内容について、施設長が斉藤美恵に確認した結果、斉藤本人も今までの利用者の大島良子様への失礼な言動を認めて反省しました。その後、大島幸子様に電話をして、本日午後1時に、職員の斉藤を同行してお母様の大島良子様の居室にお詫びに伺うことをご了承いただきました。 3回目：7月20日午後1時／加藤悦子（クレーム処理責任者） 私が職員の斉藤美恵を同行して大島様の居室におわびに伺いました。施設長が斉藤を指導したこと、斉藤本人も今までの自分の言動を反省しており、今後は大島様に対して礼儀正しい態度や言葉づかいで接することを伝えておわびをしました。その結果、利用者の大島様よりお許しの言葉をいただきました。その後、午後1時30分に、ご家族の大島幸子様にも電話で経緯を説明してお許しをいただきました。
終了確認	○○○○年7月20日　　氏名：加藤悦子（クレーム処理責任者）

作成：筆者

参考文献

・岩下宣子『社会人になったらこれだけは知っておきたい敬語の基本』2010年、大和書房

・小笠原清忠『入門　小笠原流礼法　美しい姿勢と立ち居振る舞い』2014年、一般財団法人礼法弓術弓馬術小笠原流

・小笠原敬承斎『小笠原流礼法　誰からも好かれる社会人のマナー』2010年、講談社＋α文庫

・田中とも江『えっ！これもNG!?介護職員のための虐待予防チェックノート』2016年、第一法規

・蜂谷英津子『介護職のための接遇マナー』2016年、公益財団法人介護労働安定センター

・蜂谷英津子『介護職が知っておきたい接遇マナーのきほん』2018年、日本実業出版社

・文化審議会答申「敬語の指針」2007年

・「高齢者虐待を考える（養介護施設従事者等による高齢者虐待防止のための事例集）」2008年、社会福祉法人東北福祉会　認知症介護研究・研修仙台センター

・「介護現場のための高齢者虐待防止教育システム」2009年、社会福祉法人東北福祉会　認知症介護研究・研修仙台センター

著者紹介

蜂谷　英津子（はちや　えつこ）

　HOTシステム株式会社　代表取締役。スイスの貿易会社の日本代表、大手デパートや外資系ホテルのVIPゲストの接客を経て、大手介護企業で介護職の人材育成に従事。その後、2010年にHOTシステム株式会社を設立。

　ホスピタリティ講座や接遇マナー研修、クレーム対応、外国人介護人材育成講座、マナーリーダー養成講座など多くの公益法人や大手企業にて研修や講演の講師を務めるとともに、介護事業所の接遇マニュアルの作成、介護職向けの書籍や雑誌記事の執筆や監修、教育用DVDの監修も行っている。

　著書に『介護職が知っておきたい接遇マナーのきほん』（日本実業出版社）、『介護職のための接遇マナー』（公益財団法人介護労働安定センター）などがある。

サービス・インフォメーション
──── 通話無料 ────

①商品に関するご照会・お申込みのご依頼
　　　　　TEL 0120 (203) 694／FAX 0120 (302) 640
②ご住所・ご名義等各種変更のご連絡
　　　　　TEL 0120 (203) 696／FAX 0120 (202) 974
③請求・お支払いに関するご照会・ご要望
　　　　　TEL 0120 (203) 695／FAX 0120 (202) 973

●フリーダイヤル（TEL）の受付時間は、土・日・祝日を除く
　9:00～17:30です。
●FAXは24時間受け付けておりますので、あわせてご利用ください。

不適切ケア・トラブルを防ぐ介護職員の接遇スキル
～ケーススタディから現場での対応力を身に付ける～

2023年8月20日　初版発行

著　者　蜂　谷　英津子

発行者　田　中　英　弥

発行所　第一法規株式会社
　　　　〒107 - 8560　東京都港区南青山2-11-17
　　　　ホームページ　https://www.daiichihoki.co.jp/

介護接遇スキル　ISBN978-4-474-09294-5　C2039（0）